威廉·詹姆士哲学文集

王成兵 主编

第 1 卷

# 实用主义
## ——某些旧思想方法的新名称

PRAGMATISM
*William James*

[美] 威廉·詹姆士 著

李步楼 译

商务印书馆
The Commercial Press

William James
**PRAGMATISM**
A New Name for Some Old Ways of Thinking
本书根据纽约朗曼-格林出版公司 1943 年版译出
Longmans, Green And Co. New York, 1943

威廉·詹姆士

(William James, 1842—1910)

# 总　序

实用主义（Pragmatism）产生于19世纪70年代的美国，在20世纪的前三十年间发展到鼎盛时期。作为一种具有典型美国色彩的思想文化产品，实用主义以其独特的哲学风格与话语方式在美国的哲学、政治和文化领域中产生了巨大的影响。作为现代西方哲学的主要流派，实用主义与分析哲学、当代欧洲大陆哲学等具有不可忽视的学术关联。实用主义在西方哲学东渐史中扮演了一个重要角色，它对于现代中国的哲学、文化、教育和社会生活等方面产生了很大的影响。

威廉·詹姆士（William James，1842—1910，也译为威廉·詹姆斯）是实用主义最主要代表人物之一，也是美国哲学史上第一位真正具有世界性影响的哲学家。

《威廉·詹姆士哲学文集》的翻译、研究和编辑正式启动于2017年。国内外十几所大学的实用主义研究专家参与了这个工作。本文集尽量收入詹姆士的经典哲学著作、论文和演讲稿等。已经完成翻译与编辑的文稿有：

第1卷《实用主义——某些旧思想方法的新名称》（*Pragmatism: A New Name for Some Old Ways of Thinking*）。1907年初版。该书的主要内容来自詹姆士于1906年11月和12月在波士顿的罗威尔学院和1907年1月在纽约哥伦比亚大学发表的演讲。该书是实用主义哲学的经典文献之一。该书阐释了实用主义的形而上学观、哲学党派原则、实用主义的基本原则、实用主义真理观、实用主义的方法论和实用主义的宗教哲学观等。该书一经问世便大受欢迎，仅在出版当年就印刷了五次。该书也当即引起了欧洲哲学界高度关注。

第2卷《心理学原理》(*Principles of Psychology*)。1890年初版。《心理学原理》是詹姆士用时十二年（1878—1890）完成的著作。该书是实用主义和心理学史上最为重要的著作之一。通过《心理学原理》，詹姆士的哲学思想得以成型和流传。该书是詹姆士全部哲学思想的纽带，它既呈现出詹姆士后来思想发展的主要脉络，也阐释了詹姆士的彻底的经验主义、实用主义以及他对宗教信仰和道德信仰两者之间关系与运作方式所作的分析。

第3卷《宗教经验种种——人性的研究》(*The Varieties of Religious Experience: A Study in Human Nature*)。1902年初版。《宗教经验种种》是詹姆士以其在英国爱丁堡大学的吉福德讲演（Gifford Lectures）为基础写成，是他生前出版的最为重要的哲学著作之一，也是美国宗教学领域中最为重要的经典文献之一。詹姆士在该书中提出，要从宗教生活的层面发掘人性的秘密，这与他认识、发掘和揭示人性的学术使命一致。该书提出了"个人宗教"的观念，认为宗教在于个人的原始性的亲身体验。该书还讨论了宗教生活的展开。詹姆士的这部著作是其思想整体的一个重要组成部分。如果说彻底经验主义和实用主义是詹姆士哲学的核心，那么，该书通过对宗教体验的全面考察，使得詹姆士的哲学更为丰满。时至今日，该著作对于学术界所进行的现代性语境下的世俗化研究仍具有非常重要的价值。

第 4 卷《真理的意义——〈实用主义〉续篇》(The Meaning of Truth: A Sequel to 'Pragmatism')。1909 年初版。《真理的意义》是詹姆士继《实用主义》出版之后对自己的实用主义真理学说的再阐释。该书对人的认知活动、人本主义与真理、实用主义对真理的解释等核心学说，进行了更充分、更具针对性和更深入的讨论。詹姆士在书中还严肃地回应了学术界对实用主义的多种批评。

第 5 卷《信仰的意志及其他通俗哲学论文集》(The Will to Believe and Other Essays)。1897 年初版。《信仰的意志及其他通俗哲学论文集》探讨了信仰与道德的哲学问题，涉及如何有意义地生活以及道德生活在现代社会中的地位等问题。该书还对当时流行的一些哲学问题（如决定论、个体性等）及其代表人物进行了研究。该书所表达的哲学观念是詹姆士哲学思想走向成熟和研究重点发生转向的重要标志。

第 6 卷《若干哲学难题》(Some Problems of Philosophy)。1911 年初版。《若干哲学难题》是詹姆士离开人世之前数周写作和修改的书稿。詹姆士在书中对西方哲学史和现代西方哲学的一些难题（如哲学观、形而上学、一与多、存在、知觉与概念、理智主义等）进行了深入的探讨。

第 7 卷《彻底的经验主义论文集》(Essays in Radical Empiricism)。1912 年初版。《彻底的经验主义论文集》是詹姆士去世后由其学生和同事编辑的论文集。该书聚焦于詹姆士的彻底经验主义学说和形而上学思想。书中讨论的彻底经验主义不仅成为詹姆士哲学的重要组成部分,也对现象学哲学、非理性主义哲学(如柏格森、萨特、弗洛伊德等)和分析哲学(如维特根斯坦等)产生了明显的影响。此外,该书集中讨论的很多哲学问题与当今的心灵哲学、知识论等论题有着密切的关联。

第8卷《一个多元的宇宙》(*A Pluralistic Universe*)。1909年初版。《一个多元的宇宙》的核心文本来自詹姆士在英国曼彻斯特学院的希伯特讲座(Hibbert Lectures)上发表的关于现代哲学问题的讲稿。该书体现了詹姆士所代表的古典实用主义对黑格尔等人的观念论的批评,展示了詹姆士的多元论的哲学立场和实用主义态度。该书还揭示了詹姆士彻底经验主义的学术主张,以及詹姆士对柏格森等现代欧洲哲学家的看法。该书有助于人们理解詹姆士哲学与欧洲哲学思想的内在关系。

第9卷《威廉·詹姆士哲学论文集》(*Selected Philosophical Essays by William James*)。本卷收录了詹姆士发表于不同时期的20多篇哲学论文,时间跨度从1876年詹姆士赴哈佛大学哲学系任教到1910年去世。其中既有与詹姆士本人哲学思想发展有重要关系的文献(如他发表的第一篇真正意义上的哲学论文《评斯宾塞对心灵的定义:作为"适应"产物的心灵》),有反映他对实用主义哲学的一些思考的论文,还有他写作的某些重要书评或演讲稿,等等。

第10卷《威廉·詹姆士哲学书信集》(*Selected Philosophical Correspondence of William James*)。在詹姆士生活的时代,信件是哲学家之间进行学术交流的重要媒介。据统计,现存的詹姆士来往信件不少于五千封。《威廉·詹姆士哲学书信集》选取了詹姆士与柏格森(Henri Bergson)、罗素(Bertrand Russell)、皮尔士(Charles

Sanders Peirce)、杜威(John Dewey)、桑塔耶拿(George Santayana)、布拉德雷(Francis Herbert Bradley)、席勒(Ferdinand Canning Scott Schiller)、佩里(Ralph Barton Perry)、罗伊斯(Josiah Royce)以及意大利实用主义者等同时代的知名哲学家的来往书信。在这些书信中,詹姆士与哲学界同行或讨论哲学问题,或彼此分享研究的进展和新发表的成果,或进行直接的思想交锋。此外,本书信集还精选了詹姆士与家人或圈外朋友的谈论自己的学术活动及其影响的信件。这些信件在某种程度上反映出詹姆士思想成长和影响发动的印迹。

改革开放四十多年来,中国学术界的实用主义研究总体上呈现出逐步升温的态势。研究工作已不再仅仅停留于对实用主义的一般问题的讨论,更开始挖掘实用主义的内在逻辑和当代哲学意义。国内外研究者在文本、话题和话语方式等方面趋于同步,各方的对话和交锋已经在实用主义研究的某些前沿地带展开。实用主义经典文本的编辑、翻译、研究和出版,已经成为研究工作的不可或缺的组成部分。《威廉·詹姆士哲学文集》的翻译和出版既是当代中国学术界的实用主义研究的水到渠成的成果,也为进一步推进实用主义研究提供了关键的文献支撑。

詹姆士的哲学在中国学术界有一百多年研究的历史。自20世纪二三十年代起,学术界翻译和出版过一些詹姆士的哲学文献,有的文献甚至出版了若干个译本。《威廉·詹姆士哲学文集》有意识地选用了若干部由商务印书馆出版的高水平译本。在翻译本文集的过程中,各位译者虚心地学习和参考先前的译本,努力更准确和完整地传递詹姆士本人所要表达的思想。在此,向为詹姆士哲学文献翻译做出贡献的各位前辈学者与同行表示感谢和敬意。

《威廉·詹姆士哲学文集》的部分成果来自我承担的国家社科基金重大课题"《威廉·詹姆士哲学文集》翻译与研究"（17ZDA032）。课题从立项到结项历时六年多。在这个过程中，多位国内外知名专家对课题给予了各种指导、支持和关心。课题组的诸位专家展现出极高的学术热情和专业水准，较圆满地完成了各自承担的研究和翻译任务。各位专家出色的专业能力和良好的合作精神，保证了课题的顺利推进，从而为本文集的编辑和出版打下了良好的基础。在此，向课题组的各位专家表示由衷的感谢。

编辑、翻译和出版多卷本的《威廉·詹姆士哲学文集》是一项困难的工作，尤其需要来自专业出版人员的密切合作和精心指导。商务印书馆总编辑陈小文、学术中心主任李婷婷、学术中心哲社室主任李学梅和责任编辑卢明静等老师为文集的编辑、翻译和出版提供了多方面的支持。在此，向商务印书馆的各位老师表示衷心的感谢。

王成兵

2024 年 6 月 28 日于山西大学哲学学院

# 目 录

献词 …………………………………………………………… 1

序 ……………………………………………………………… 2

第一讲 哲学上现存的两难选择 ……………………………… 5

第二讲 实用主义的意义 ……………………………………… 30

第三讲 对几个形而上学问题的实用主义的思考 …………… 54

第四讲 一与多 ………………………………………………… 78

第五讲 实用主义与常识 ……………………………………… 99

第六讲 实用主义的真理观 …………………………………… 118

第七讲 实用主义与人本主义 ………………………………… 143

第八讲 实用主义与宗教 ……………………………………… 164

索引 …………………………………………………………… 182

# 献　　词

纪念约翰·司徒亚特·穆勒①

我从他那里最早懂得了实用主义思想的开放性；
如果他现在还健在的话，我真想把他当作我们的领导者。

---

①　穆勒(John Stuart Mill，1806—1873)，英国哲学家、经济学家和政治家，著有《逻辑学体系》、《政治经济学原理》、《妇女的屈从地位》以及名著《论自由》。[全书星标脚注为作者原注，圈标脚注为中译者注。]

# 序

下面几篇讲演是我在1906年11—12月在波士顿的罗威尔学院和1907年1月在纽约的哥伦比亚大学发表的。这些篇章都是照发表时的讲稿付印的,未作增补和注释。所谓实用主义运动(我并不喜欢这个名称,但现在显然已经为时太晚,不好改变了),好像突然凭空而降。哲学上一向存在的许多倾向突然集中地意识到自身的存在和它们的共同的使命,这种情况在很多地区出现,并且从很多不同观点出发,因而产生了许多不相一致的说法。我曾尽力就个人所见,把这个运动的形象统一起来,用概要的笔法,避免细小的争论。如果我们的批评家们能够等我们把事情的缘由说得比较清楚,我相信,许多无益的争论是可以避免的。

如果我的讲演能够使读者对实用主义这个主题感兴趣,那么他一定还会想进一步读些别的论著。因此,我提出以下一些参考读物。

在美国,杜威的《逻辑理论研究》(*Studies in Logical Theory*)是基础性读物。① 还应该读读杜威发表在《哲学评论》(*Philo-*

---

① 杜威(John Dewey,1859—1952)与詹姆士和皮尔斯并称为美国实用主义的创始人。杜威属于比詹姆士更年轻的一代,他研究的领域比他的老一辈同事更为宽广,包括逻辑学、伦理学、教育学、形而上学、政治哲学和美学。主要名著如《民主与教育》、《哲学的改造》、《人性与行为》、《经验与自然》、《确定性的追求》、《作为经验的艺术》、《共同信仰》等。

sophical Review)第 15 卷,第 113、465 页和《心灵》(Mind)第 15 卷,第 293 页,以及《哲学研究》(Journal of Philosophy)第 4 卷,第 197 页上的论述。

不过,开始时阅读的最好的论述也许就是席勒的《人本主义研究》(Studies in Humanism),特别是其中第 1、5、6、7、18 和 19 的各篇论文。① 席勒在此以前的论文以及有关这个问题上的争论文章,一般说来,在他的文章脚注中都提到了。

此外,请读米豪(J. Milhaud)所著的《理性》(Le Rationnel, 1898);② 勒·卢阿(Le Roy)发表在《形而上学评论》(Revue de Métaphysique)第 7、8、9 卷上的那些精彩的论文。③ 还有布隆代尔(Blondel)和德·赛利(De Sailly)发表在《基督教哲学年刊》(Annales de Philosophie Chrétienne)第 4 集第 2、3 卷上的那些论文。④ 巴比尼曾宣布说,他有一本用法文写的关于实用主义的书,

---

① 席勒(Ferdinand Canning Scott Schiller, 1864—1937),英国实用主义者的主要代表。在詹姆士在世和此后的一个时期,他是美国之外的最著名的实用主义哲学家。他与詹姆士保持经常的通信;他的著作包括《人本主义研究》、《人本主义:哲学论文集》等。

② 米豪(Gaston Samuel Milhaud, 1858—1918),法国哲学家,力主科学研究从经验出发,重视经验成分。

③ 勒·卢阿(Édouard Le Roy, 1870—1954),法国自由天主教团的成员,该团以马瑞士·布隆代尔的"行为哲学"学派为中心,对于推进天主教的现代化起了很大的作用。

④ 布隆代尔(Maurice Blondel, 1861—1949),曾用贝纳德·德·赛利(Bernard de Sailly)这一笔名,法国的神学家,开创了著名的"行为哲学"学派。该学派反对理智主义和理性主义的教会,力主人类生活中的意志和行为的首要地位,对于天主教的现代化产生了巨大的影响。

很快即将出版。①

  至少为了避免一种误解,我要说明,就我所理解的实用主义同我最近提出的"彻底经验主义"(radical empiricism)的理论,二者之间并没有逻辑的联系。后一种理论是一个独立的思想体系。一个人尽可以完全不接受它,但仍然可以是一个实用主义者。

作者

1907年4月于哈佛大学

---

  ① 巴比尼(Giovanni Papini, 1881—1956),詹姆士的另一位有通信来往的朋友。他是意大利实用主义小组的著名成员,该小组还包括维拉蒂(Giovanni Vailati, 1863—1909)、卡达罗尼(Mario Calderoni, 1879—1914)等人。詹姆士讲演中提到的巴比尼的著作《实用主义研究》出版于1913年。

# 第一讲 哲学上现存的两难选择

切斯特顿①先生在他那本名为《异教徒》的令人赞赏的文集的前言中写下这样的话:"有些人(我就是其中之一)认为,对于一个人来说最实际和最重要的事还是他的宇宙观。我们认为对一个女房东来说,知道房客的收入固然重要,但是尤其重要的是了解他的哲学;我们认为对于一个将要对敌作战的将军来说,知道敌人的数量固然重要,但尤为重要的是了解敌人的哲学。我们认为,问题并不是宇宙论是否影响事物,而是归根到底是否还有任何其他东西影响事物。"

在这个问题上,我和切斯特顿先生的看法是相同的。我知道,女士们,先生们,你们各位都有一种哲学,对你们来说,最有趣、最重要的事情就是你们的哲学怎样决定你们各人对世界的看法。你们知道,我也是如此。但我承认,对于我斗胆开始去做这件事,我心里是有些惶恐不安的。因为,对我们每个人来说,如此重要的哲学并不是一个技术问题,它是我们对人生的真正深刻的意义的难以言表的感悟;这种哲学只有一部分是从书本上得来的;哲学正是

---

① 切斯特顿(Gilbert Keith Chesterton, 1874—1936),英国散文作家、诗人和小说作家,著名的后维多利亚风格、道德和文化的批评家。

我们观察和感受整个宇宙推动力的特别方式。我没有权利假定你们中有许多人是从课堂上了解宇宙的学生,但在这里,我热切地希望你们能够对一种哲学感兴趣,这种哲学在很大程度上必须专门地研究。我希望我们深信的一种当代的趋势能够得到你们的同情,你们虽然不是宇宙学的学生,而我却不得不像一个教授那样对你们谈话。一个教授所相信的不论是什么样的宇宙,无论如何总是要作长篇论述的。一个宇宙如果用两句话就能定义,那就用不着教授那样的智力了。那样浅薄的东西是不会得到人们信仰的!我听说,在这个大厅里,我的许多朋友和同事争论着要使哲学通俗化,但他们很快就讲得枯燥无味,然后变成专门的东西,结果只是差强人意而已。因此,我现在是在作一次大胆的尝试。最近,实用主义的创始人[①]就在这个罗威尔学院亲自作了一个系列讲演,在他的题目里用的正是实用主义这个词——真像在阴森黑暗之夜闪耀着一道灿烂的光辉!我想,我们大家没有一个人能够理解他所讲的**全部内容**,可是,我现在还要站在这里,正是作同样的冒险。

我之所以要冒这个险,是因为我所作的这些讲演毕竟**吸引**了不少的听众。必须承认,在听人讲述深奥的哲理时,无论是赞成还

---

[①] 皮尔斯(Charles Sanders Peirce,1839—1914,也译为皮尔士),美国逻辑学家和科学哲学家,被詹姆士称为"实用主义的奠基人",但他并不满意詹姆士把他的意义理论说成是一种成熟的真理论。皮尔斯首先提出了他的关于实用主义的观念,在他的文章如"信念的确定"、"怎样使我们的观念清楚明白"和"实效主义的本质"中,他更喜欢把它称之为"实效主义"(pragmaticism)。

是与之争辩的人,即使谁都没有真正理解,但仍是有一种奇妙的感染力的。我们都能有那种对问题上下求索的紧张感,都能感到那种浩瀚无际的广阔境界。如果在吸烟室之类的地方发生一场关于自由意志或上帝万能或善与恶的争论,你可以看到在那里的每个人是怎样驻足聆听的。哲学的结论和我们所有的人都有最密切的关系,而哲学上最奇怪的论辩都会使我们产生微妙和新奇的感觉。

我相信自己对哲学是热诚的,还相信一种新哲学的晨曦正照耀着我们这些哲学家,因而我感到,不论**是对是错**(*Per fas aut nefas*),我都必须尽量把有关这种情形的一些新消息告诉你们。

哲学是人类追求的最崇高而又最平凡的事业。它深入到最细微之处,而又展示出最广阔的前景。人们总是说哲学"烤不出面包",但哲学能够激励我们的心灵,增强我们的勇气;尽管一般的人常常觉得,哲学的表达方式,它的怀疑和责难,它的模棱两可和辩证方法,都不大令人喜欢,但是,如果没有哲学远照四方的光辉为我们照亮世界的前景,那我们无论是谁都是无法前进的。哲学发出的这些光辉以及与之伴随的隐秘和玄妙的对比效果,能够使人对它所说的产生超出职业范围的兴趣。

哲学史在很大程度上是人类的不同气质发生某种冲突的历史。尽管我的同事中有的可能觉得这种说法不够庄重,但我还是要对这种冲突加以说明并且用它来解释哲学家们之间的许多分歧。一个职业哲学家不论有什么样的气质,但在他讲哲学时,总要尽量使他具有某种气质的事实深藏不露。气质并不是人们在习惯上承认的理由,所以哲学家在辩明他的结论时,总是极力提出一些一般性的非个人的理由。但是,他的气质实际上使他造成的偏向远比他的任何更严格的客观前提造成的大得多。正像这个事实或那个原则为他提供证据那样,他的气质也以这样或那样的方式为他提供证据,造成比较富于感情色彩的或者比较冷峻无情的宇宙观。他**信赖**他的气质。他希望有一个适合他的气质的宇宙,他相信任何一种适合他气质的宇宙的描述。他觉得与他的气质相反的人总是与世界的性质不协调的;即使他们的论辩的能力远胜于他,但在他心里总认为他们不够格,并且"不在行"。

可是在讲坛上,他不能仅仅依据他的气质就自称有高超的洞察力和权威。因此在我们的哲学讨论中就出现了一种不诚实的情况:在我们所有的前提中从来不提最有力的重大的前提。我相信,如果在我们的这些讲演中打破了这种陈规而提到那个前提,那肯定会有助于澄清问题的。因此,我就直率地这样做了。

当然,我在这里说到的人是那些肯定具有优异才智的人,是有特异品格的人,他们在哲学上留下了深刻的印记和独特形象,在哲学史上有突出地位。柏拉图[①]、洛克[②]、黑格尔[③]、斯宾塞[④]都是这

---

① 柏拉图(Plato, 公元前 427? —前 347?),古希腊哲学家,他是苏格拉底的学生,是亚里士多德的老师。他的最著名论著有《会饮》、《克里同》、《申辩》、《斐洞》和《理想国》等。

② 洛克(John Locke, 1632—1704),最先否定天赋观念存在并提出一切观念来自感觉经验的英国的伟大哲学家。虽然他的主要著作是《人类理解论》,但他作为一个政治理论家的许多观念深刻地影响了英国和美国的自由主义的发展。

③ 黑格尔(Georg Wilhelm Friedrich Hegel, 1770—1831),最伟大的德国唯心主义哲学家,他把自己对政治、艺术、历史、经济学和宗教等多方面的关注凝聚成一个最严谨、最完整的哲学体系,表现在《精神现象学》、《逻辑学》和《哲学全书》等著作中。

④ 斯宾塞(Herbert Spencer, 1820—1903),英国哲学家,他运用进化论来说明生活的各个方面,主要体现在《生物学原理》、《心理学原理》、《社会学原理》和《伦理学原理》等著作中。

样的有特殊气质的思想家。当然我们大多数人都没有非常确定的智力上的气质,我们是相反气质成分的结合体,其中每一种成分都是非常普通的。我们往往很难知道自己对抽象事物有什么**偏好**;我们中有些人说话的时候很容易放弃自己的偏好,结果是跟着时尚走或者是信奉周围给人印象最深的哲学家,不论他是什么样的人。但是,哲学上至今**值得重视**的一件事就是一个人应当**观察**事物,用他自己特有的方式直接地**观察**事物而不喜欢用任何相反的方式去观察事物。我们没有理由设想,这种强气质性观察法从此以后在人的信仰史上就再也不值得重视了。

现在我在发表这些意见时心中想到的特殊气质上的差异是在文学、艺术、政治、礼仪和哲学上都有重要表现的。在礼仪上,我们发现有循规蹈矩的人和不拘礼节的人;在政治上,有权威主义者和无政府主义者;在文学上,有纯粹主义者或学院派和现实主义者;在艺术上,有古典主义者和浪漫主义者,你们都承认这些对比是非常熟悉的;在哲学上,也有非常相似的对比,那就是用"理性主义者和经验主义者"这一对名词来表达的对比,"经验主义者"是指喜爱各种各样纯粹事实的人,"理性主义者"是热衷于抽象的和永恒原则的人。任何一个人如果离开了事实和原则,恐怕连一个小时也活不下去,所以,这两种人的差别不过是各有侧重罢了,可是,由于各人的着重点不同,彼此之间就产生了带有最尖刻性质的对立。我们会发现,用"经验主义的"气质和"理性主义的"气质来表示人们看待宇宙的方式上的不同,那可能是非常方便的。这两个名词使得这个对比显得既单纯而又重大。

比这两个词表示的对比更为单纯而重大的是用这两个词所表

述的人。因为人的本性可能有各种组合和联系的情况;因此,如果我现在为了更充分地说明在我说到经验主义者和理性主义者的时候心中意指的是什么,就对这两个名词分别加上一些从属的限定特征,请你们把我这个做法看作是有一定程度的随意性吧。我选择了自然常常提供的那些组合类型,但绝不是始终如一的,我之所以选择它们,只是因为这些类型的结合便于帮助我达到进一步描述实用主义特征的目的。我们知道,在历史上"理智主义"和"感觉主义"这两个词是分别作为"理性主义"和"经验主义"的同义词来使用的。按其本质似乎理智主义最经常地和唯心主义的与乐观主义的倾向联系在一起的。另一方面,经验主义者却又往往是唯物主义的,他们的乐观主义显然是有条件的和不确定的。理性主义总是一元论的。它从整体性和普遍性出发,非常重视事物的统一性。经验主义从部分出发,认为整体是部分的结合——因而并不反对把自己称为多元论的。理性主义总以为自己比经验主义更富于宗教精神,但是关于这个说法,要说到很多东西,我在这里只是提一下。当个别的理性主义者被称之为富有感情的人,而个别的经验主义者以自己不感情用事而自豪时,这个说法就是正确的。在这种情况下,理性主义者就常常是赞成所谓意志自由的人,而经验主义者就会是一个宿命论者——我是在最广泛流行的意义上用这些词的。最后,理性主义者在给出断言时总带有独断论的气质,而经验主义者则更多采取怀疑论的态度并且更愿意敞开讨论。

　　我要把这些特征写作两栏。我想,如果我把这两栏分别冠以"柔和的"和"刚毅的",那么你们就会在实际上很容易认出这两种类型的气质。

| 柔和的 | 刚毅的 |
|---|---|
| 理性主义的（依据"原则"行事）， | 经验主义的（依据"事实"行事）， |
| 理智主义的， | 感觉主义的， |
| 唯心主义的， | 唯物主义的， |
| 乐观主义的， | 悲观主义的， |
| 有宗教精神的， | 无宗教精神的， |
| 意志自由论的， | 宿命论的， |
| 一元论的， | 多元论的， |
| 独断论的。 | 怀疑论的。 |

上面我所写下的互相对比的两栏中每一栏混合体内部是不是都彼此联系、相互一致，对这个问题请你们稍候片刻，我马上就要详加论述。对我们的直接目的来说，只要指出我刚才写下的柔和气质和刚毅气质的人的确存在，这就够了。你们各位大概都知道每个类型中某些很明显的例子，而且你们都知道各种例子的人怎样看待另一类型里相对一方的。他们彼此相互轻视。每当他们个人的气质变得强烈时，他们之间的对立情绪就会在各个时代中形成当时哲学气氛的一部分。这种对立情绪也形成现在哲学气氛的一部分。刚毅气质的人认为柔和气质的人是感情懦弱、无主见的人。而柔和气质的人则认为刚毅气质的人是粗俗的、无情的和野蛮的。他们彼此之间的反应就像波士顿的旅行者与克里普尔小溪城①的居民交往时所发生的情况一样。彼此都认为对方比自己低

---

① 克里普尔小溪城（Cripple Creek），科罗拉多州的一个采矿城，那里的人们由于发生劳资纠纷而于1903年9月在该地宣布戒严。

下；但是这种相互瞧不起,一方面带有逗笑取乐的性质,另一方面也有一点害怕的成分。

在哲学上,正如我坚持认为的那样,我们当中很少有人像新来的波士顿人那样单纯,也很少有人像典型的落基山(Rock Mountain)硬汉。我们中的大多数人都热切地盼望两方面的好的东西。事实当然是好的——那就给我们多多的事实吧。原则是好的——那就给我们多多的原则吧。以一种方式来看,世界无疑是"一",而以另一种方式看,世界无疑是"多"。世界既是一又是多——那就让我们采取一种包容多元的一元论吧。一切事物当然都是受必然性所决定的,但是我们的意志当然还是自由的:一种承认意志自由的决定论才是真正的哲学。部分的恶是不可否认的,但整体不可能都是恶,所以实际上的悲观主义可以和形而上学的乐观主义相结合。如此等等,余可类推——普通的哲学上的外行人绝不是一个理论上彻底的人,他绝不会搞清楚理论的体系,但他还是在体系的这个或那个可能的间隔中模模糊糊地过下去,应付时时刻刻不断产生的种种诱惑。

然而我们中间有些人并不是哲学上纯粹的外行人,我们称得上是业余运动员,我们对我们的信条中有太多的不一致和摇摆不定的东西而感到苦恼。只要我们还继续把对立方面的不可调和的东西混在一起,我们就不可能保持一种高尚的理智的良心。

现在我要提出所要说的第一个正面的要点了。有确定的经验主义倾向的人从来没有像现在这么多。也许有人会说,我们的儿童几乎生下来就是有科学倾向的。但是我们对事实的尊重并没有使我们摆脱一切宗教精神。这种对事实的尊重本身几乎就是带有宗教精神的。我们的科学的倾向是虔诚的。现在假定有这种类型的一个人,假定他也是一个业余的哲学爱好者,他不愿像普通的外行人那样拼凑杂乱无章的体系,那么,在这个上天保佑的1906年,他会发现他的处境是怎样的呢?他需要事实;他需要科学;但他也需要一种宗教。他作为一个业余的哲学爱好者而不是一个哲学上的独立的创造者,他自然要去找他已经发现的在这个领域里的专家学者给以指导。你们在座的人当中,有相当多的人,也可能大多数人正是这种业余的哲学爱好者。

那么,你们发现是哪种哲学实际上符合你们的需要呢?你们会发现一种经验主义哲学没有足够的宗教精神,而一种宗教哲学又没有适合你的目的的足够的经验性质。如果你要寻求最注重事实的地方,你会发现全部刚毅气质的计划在进行,而"科学与宗教之间的冲突"异常激烈。或者是如落基山硬汉刚毅型的海克尔[①]和他的唯物主义一元论,他的以太神,以及他把上帝说成"无形的脊椎动物"的笑谈;或者是像斯宾塞那样,把世界历史仅仅当作物质和运动再分配的历史,把宗教有礼貌地从前门送出去——宗教的确可以继续存在,但她永远不能在庙宇中显露出来。

过去一百五十年来科学的进步似乎在表明物质宇宙在扩大而人的重要性在减少。结果就是人们称之为自然主义或实证主义的感觉大为增强。人再也不是自然界的立法者而是自然界的注视者。自然界是坚持不移的,而人则必须与之相适应。让人去记录

---

① 海克尔(Ernst Heinrich Haeckel, 1834—1919),德国的达尔文主义的最杰出的代表,主要著作包括《自然创造史》、《人类的起源》等。

真理,虽然这是不近人情的,但要服从真理!富于想象的主动性和勇气都没有了。观察力是唯物的而且是令人沮丧的。各种理想显得像是生理学的惰性附产品,高级的东西都是用低级的东西来解释,永远只是当作"没有什么,无非只是"另一种非常低级的东西来看待而已。总之,你得到了一个唯物主义的宇宙,在这种宇宙中,只有刚毅气质的人才感到舒服适意。

另一方面,如果你转向宗教方面寻求安慰,并向柔和气质的哲学讨教,你会发现什么情况呢?

宗教哲学,现今在我们这一代操英语的人当中,有两个主要类型。一种比较激进而有进攻性,另一种则显得是战斗的气氛在逐渐退却的样子。宗教哲学中的比较激进的一派——我指的所谓先验唯心主义的是英国黑格尔主义学派,即格林[1]、凯尔德兄弟[2]、鲍桑葵[3]和罗伊斯[4]等人的哲学。这种哲学大大影响了比较好学的新教牧师。这种哲学是泛神论的,无疑地它已经磨掉了一般新教主义的传统有神论的锋芒。

然而,那种传统的有神论仍然存在。它就是经过一个阶段到

---

[1] 格林(Thomas Hill Green, 1836—1882),英国哲学家,倡导黑格尔唯心论。

[2] 凯尔德(Edward Caird, 1835—1908)和 J. 凯尔德(1820—1898),苏格兰哲学家,他们的论著致力于哲学与宗教和唯灵论的结合。

[3] 鲍桑葵(Bernard Bosanquet, 1848—1923)与格林和布拉德雷一样维护唯心论,反对传统的英国经验主义哲学。

[4] 罗伊斯(Josiah Royce, 1855—1916),詹姆士在哈佛大学的同事和亲密的朋友,也是经常进行学术争论的对手。他是绝对唯心论在美国的主要代表。罗伊斯关注的课题广及数学、心理学、社会伦理学、文学、历史和宗教,其著作有《现代哲学精神》、《世界与个体》、《忠诚哲学》、《宗教悟性的起源》、《基督教问题》等。

## 第一讲 哲学上现存的两难选择

另一个阶段逐步退让的独断的经院哲学有神论的嫡传后裔,这种有神论至今还在天主教会的神学院里严格地传授着。过去很长时间一直被我们称之为苏格兰学派哲学。这就是我所说的战斗气氛逐渐退却的那种宗教哲学。这种哲学一方面受到黑格尔主义和其他信奉"绝对"的哲学家的攻击,另一方面又受到科学进化论者和不可知论者的侵蚀,这就使得那些向我们传播这种哲学的人,如马蒂诺①、鲍恩教授②、莱德教授③等人必然感到有极大的压力。你可能喜欢这种哲学的公平和直率,但它在气质上不是激进的,它是能够兼容的、调和的,它首要的是要找一个**行之有效的调和方法**($modus\ vivendi$)。它接受达尔文主义学说中的事实,承认大脑生理学的事实,但它并不是积极热情地对待这些事实。它缺乏那种胜利进攻的气概。其结果是缺乏**威望**;而绝对论则由于更激进的风格而有一定**威望**。

如要你转向柔和气质的学派,你就必须在这样两个体系之间进行选择。如果你是像我设想的那样热爱事实,你就会觉得上述界线那边属于事实的各种事物都带上了理性主义和理智主义的痕迹。你虽然避开了与支配性的经验主义在一起的唯物主义,但是

---

① 马蒂诺(James Martineau,1805—1900),英国唯一神教派教士,著有《宗教研究》、《伦理学理论的不同派别》,詹姆士在他的关于"英国的有神论伦理学文献"的课程中把上述著作作为教材。

② 鲍恩(Borden Parker Bowne,1847—1910),美国哲学家和著名的方法学家,他写的小册子《基督教的启示》、《基督教的生命》、《救赎》被詹姆士称赞为"有惊人的才华"。

③ 莱德(George Trumbull Ladd,1842—1921),美国哲学家、心理学家、公理会教士,他的著作《心理学:描述性的和解释性的》受到詹姆士的批评。

你为这样的避开付出的代价是失去了对生活中各种具体部分的接触。那些日益趋向绝对主义的哲学家达到了极高程度的抽象，甚至连他们自己都没有想到有更低的抽象。他们向我们提出的那个绝对精神，也就是用思想来构成我们的宇宙的精神，不管他们向我们指出的是什么相反的事实，这种绝对精神都可以造成其他百万宇宙中的任何一个，正像它创造出现在这个宇宙一样。从绝对精神这种观念中，你推论不出任何一个单独的特殊的现实事物能和这里实际存在的事物的任何状况相容。有神论的上帝几乎同这种观念是一样贫乏的原则。你必须到上帝所创造的这个世界去才能知道上帝现实特性的任何痕迹：他就是一劳永逸地造成那种世界的这样一个上帝。所以，这种有神论者的上帝和绝对论一样生活在纯粹抽象的高空。绝对论有一定的影响力和冲击力，而通常的有神论则显得比较贫乏无味；但这两者都同样是不着边际、空虚不实的。你所需要的哲学是这样的：它不但能够使你发挥理智抽象能力，而且还能与各种有限人生构成的现实世界有某种肯定的联系。

你需要一个把两种东西结合起来的体系，要有对事实的科学的忠诚和认真考虑事实的意愿，简言之，就是适应和协调的精神，但是还要有对人类价值的久远的信心和随之而来的主动精神，不论它是宗教的还是浪漫主义类型的。因此，这就是你的两难选择：你发现你**所需要的东西**(*quaesitum*)的两个部分令人失望地分开了。你发现经验主义是带有非人本主义和非宗教的色彩；或者你会发现理性主义哲学的确可以把自己称为宗教性的，但它同具体的事实、同快乐与痛苦没有任何确定的接触。

我不清楚你们中间有多少人在生活中与哲学有足够密切的接触，能够充分认识到我上面这种指责的意义，所以我要稍微多费些笔墨来说一说所有理性主义体系的非实在性，这种理性主义体系是认真相信事实的人所不喜欢的。

还是在一两年前有一个学生交给我一篇论文，我真希望把这篇论文的头两页保存下来。那两页很清楚地说明了我的观点，可惜我现在不能读给你们听了。这个青年是某个西部大学的毕业生，他就在文章的开头说，我总是毫无疑义地认为，当你走进哲学课堂时，你就一定进入了另外一个世界，和你在街上走过的那种世界完全不同。他说，这两个世界被认为彼此毫不相干，以致你不可能在心里同时想到它们。我们走过的街市属于具体的个人经验的世界，这种世界真是令人难以想象的纷纭繁复杂乱无章，充满污秽、痛苦和困惑。而你们的哲学教授给你们介绍的世界是单纯的、洁净的和崇高的世界，没有实际生活中的各种矛盾。它的建筑风格是古典式的，理性的原则画出了它的轮廓，逻辑的必然性连接它的各个部分，纯洁和庄严是它最突出的表现。它是一座闪耀着理性之光的圣洁的殿堂。

实际上这种哲学远不是对现实世界的说明，而是建筑在现实世界上的另一个清晰的世界，它是一座古典的殿堂，是理性主义的想象力借以避免单纯事实表现出的混乱和粗野性质的庇护所。它不是对我们的具体世界的**解释**，它完全是另一个不同的东西，是具体世界的代替物，是具体世界的救治方法和逃避方法。

这种哲学的气质——如果我在这里可以用气质这个词的

话——是完全不同于具体世界中存在的气质。**高雅纯净**可以表达我们的理性主义哲学的特色。这种哲学极大地满足了对高雅纯净的沉思对象的渴求,这是心灵中非常强烈的欲望。但是,我要恳切地请你们放眼看看这个具体事实的大千世界,看看它们可怕的混乱,它们的怪异和残酷,看看它们表现出来的蛮荒状态,然后再来告诉我,是不是还能从你们的嘴里说出"高雅纯净的"这个描述性形容词来。

诚然,高雅纯净的确在事物中有它的位置,但是,一种哲学如果只能说出高雅纯净来,那它绝不会满足经验主义气质的心灵。它就好像一座人为的纪念碑,所以,我们发现,搞科学的人宁愿不要形而上学,把它看成是某种完全与世隔绝的东西,某种怪影;做实事的人则把哲学看成是落在身上的灰尘,非得要把它扫掉而去听从荒野的呼唤。

的确,理性主义者以一种纯洁而非实在的体系来满足其心灵,这总使人感到有点不妙。莱布尼茨①是一个理性主义者,他对事实的兴趣要比大多数理性主义者表现出来的兴趣多得多,可是,如果你们要看这种理性主义比较浅显的体现,你只要去读一读他的那本颇有吸引力的《神正论》(*Théodicée*),在这本书里他论证了上帝对待人的方法,证明了我们在其中生活的世界是各种可能世界中最好的世界。让我来引其中的一段话来做例子。

对他的乐观主义哲学造成障碍的事物中,莱布尼茨必须考虑

---

① 莱布尼茨(Gottfried Wilhelm, Baron von Leibnitz, 1646—1716),德国哲学家和数学家,他相信上帝以全善之心创造了一切可能世界中最完善的世界。他的著作有《单子论》、《自然和神恩的原则》、《神正论》等。

到永远被罚到地狱受罪的人的数目,按照神学家的说法,人类中受罚到地狱里的人远远超过得到拯救的人,莱布尼茨假定以神学家的这个说法为前提,然后进行推论,这时他才说:

> 要是我们一旦想到这个上帝之城真正有多么巨大,那么就可知道与善相比,恶简直渺小至极了。在不久前又重印的库立阿(*Coelius Se Cumdus Curio*)写的一本小书《论天国的广阔》里,也没有推测出天国有多大。古人对上帝的功业没有什么了解,……他们以为,只有我们的地球上有人居住,甚至对地球的另一面这样的观念也感到犹豫。在他们看来,这个地球以外的世界只是几个发光的星球和结晶的球体。但是,在今天,不管我们是不是认为宇宙有界限,我们必须承认在这个宇宙中有无数同我们的地球一样大或者比地球更大的星球。它们和地球一样有权维持有理性居民的生存,尽管这些居民不一定都是人。我们的地球只是我们的太阳的六颗主要卫星之一。所有恒星都是太阳,由此便可得知,地球在这些可见的星球中占的地位是多么的小,因为地球只是这些太阳之一的一个卫星。在这么多的太阳里,**可能居住着的不是别的而只是快乐的生物**;没有任何东西会使我相信有许多被罚入地狱的人;因为**只需有很少的几个例证就足以证明惩恶扬善取得的功效**。而且,因为我们没有根据假定到处都是星球,那么,是不是可能在星球范围以外还有巨大的空间呢?环绕星球范围的这个巨大空间……可能就充满了快乐和荣耀。那么,现在又该怎样去看我们的地球和地球上的居

民呢？由于地球与恒星之间的距离比较起来，它只是一个点，那么地球与这个巨大空间相比，岂不是比一个质点还要小得多吗？因此，我们已知的这部分宇宙，同我们未知的，但又必须承认的宇宙相比，简直小得几近于无；而我们所知道的恶就存在于这个几近于无的地方；由此可见，恶与宇宙中包含的善相比，可能是几乎于无了。

莱布尼茨在另一个地方又说：

有一种正义，目的既不在于纠正犯罪，又不在于为别人提供榜样，也不在于补偿损害。这种正义是建立在纯粹合适性的基础上的，这种合适性是为恶行赎罪而获得一定的满足。索西奴斯[①]的信徒和霍布斯[②]反对这种惩罚性正义，它是恰当报复的正义，是上帝在许多重要关头为自己保留的正义……这种正义总是基于事物的合适性，它不仅使受损害的方面感到满足，而且使所有那些聪明的旁观者也感到满足，正像美妙的音乐或优美的建筑物能使心情良好的人感到满足一样。因此对恶行的人的惩罚仍然继续着，虽然这种惩罚并不能使人不再犯罪；对行善之人的奖赏仍然继续着，虽然这些奖赏并不

---

① 索西奴斯的信徒起源于 L. 索西奴斯（Laelius Socinus，1525—1562）和他的侄子 F. 索西奴斯（1539—1604）思想的福音派新教会运动的成员，他们承认对上帝的信仰和对基督教圣经的合理的解释，但否认基督是神，肯定教会与国家分离的必要性。

② 霍布斯（Thomas Hobbes，1588—1679），英国政治理论家，他在伟大著作《利维坦》中把人类生活定义为"肮脏、野蛮、粗陋"的自然状态。

能使任何人坚定地做善事。恶行的人因为继续作恶而常常受到新的惩罚,而行善之人因为不断行善而获得新的快乐。这两种事实都是建立在合适性原则之上的。……因为上帝使一切事物达到圆满中的和谐,这一点我在前面已经说过。

莱布尼茨对实在的把握是不充分的,这是非常明显的,无需我加以评说了。显然他的内心里没有体验过一个作恶受罚的灵魂的实际形象,他也没有想到,上帝把"永堕地狱的灵魂"作为昭示永恒的合适性原则的这类"例子"愈少,则行善者的光荣所依据的基础就愈显得不相称。他给我们的是一篇冷冰冰的文学的习作,即使地狱之火也不会烤暖它的快乐的实质。

用不着告诉我,要显出理性主义哲学的思辨的肤浅,我就必须回到戴假发的肤浅的时代。对于热爱事实的人来说,现今理性主义的乐观主义,也同样显得肤浅。现实的宇宙是广阔开放的,而理性主义却要构造出许多体系,这些体系必定是封闭的。对实际生活中的人们来说,完满是某种极其遥远的东西,现在仍然是在实现的过程之中。这对于理性主义来说只是有限的和相对的事物构成的假象:事物的绝对根据永远是完全的圆满。

我发现有一本由那位勇敢的无政府主义作家斯威夫特\*写的著作,是对当前流行的宗教哲学的空虚、肤浅的乐观主义进行抨击的一个很好的例子。斯威夫特先生的无政府主义比起我的要略胜一筹,但是我承认,我非常同情他对现今流行的唯心的乐观主义的

---

\* 斯威夫特(Morrison Isaac Swift,1856—1946),美国无政府主义作家。

反对态度,我知道,你们当中有些人,也会对它表示衷心的同情。在他的一本小册子《人类的屈辱》中,开头部分用了一系列城市记者在报纸上写的新闻(如自杀、饿死等)作为我们的文明制度的标记。例如,他这样写道:

> 约翰·科克兰是个小职员,他冒着漫天风雪从城市的这头跋涉到那一头,想要找到一份工作,结果是失望而归,他的妻子和六个孩子没饭吃,又因为付不出房租而被勒令离开城东头最远的廉租公寓,今天,他喝下石炭酸离开了人世。科克兰在三个星期之前就因为生病而失去了工作岗位,在失去工作期间一点点积蓄都用光了。昨天他找到了一份同铲雪队工人一起铲雪的工作,但是他的身体因病而过于虚弱,试铲了一个小时后就不得不离开了。随后,他又拖着疲惫的身体重新开始找工作。在完全绝望之余,科克兰于昨天夜晚回到家里,看到妻儿忍饥挨饿,又看到门上贴着勒令搬家的通告。第二天一清早,他就服毒自尽了。

斯威夫特先生继续说道:

> 我这里还记录了很多很多这类事例,很容易编成一部分门别类的百科全书。我引用少数这些事例作为对宇宙的一种解释。在最近的一份英国评论上,有一位作家说:"我感知上帝在他的世界中存在。"罗伊斯教授说:"现世秩序中存在的恶正是永恒秩序完满的条件。"(《世界和个人》,第二卷,第

385页)布拉德雷说:"绝对因包含各种矛盾和各种差异而更加丰富(《现象与实在》,第204页)①。"他的意思是说,有这些遭到伤害的人才使世界更加丰富,这就是哲学。但是,当罗伊斯和布拉德雷两位教授以及整整一大群天真的饱学之士在揭开实在和绝对的面纱并为罪恶和痛苦进行辩解时,我们在世界的任何地方所知道的唯一对宇宙本质具有充分意识的人们的状况就是这样。这些人体验到的**就是**实在。它给我们的是宇宙的绝对的形象。这就是我们的知识圈内最有资格**获得**经验、告诉我们**宇宙本质**的那些人的经验。那么,**思考**这些人的经验,同他们亲身直接感受这些经验相比,究竟有什么不同呢?哲学家所涉及的总是虚的东西,而那些生活和感受着的人才知道事物的真相。现在人类的心灵——还不是哲学家和有产阶级的心灵,而是在默默地思考着和感受的广大群众的心灵,正在产生这种看法。现在他们在评判这个宇宙,正像以前宗教的圣师和学者评判他们……

这个克里夫兰工人,杀了自己的孩子然后又自杀(又引用了一个例子),这是现代世界和宇宙的一个基本的重大事实。这个事实是任何关于上帝、爱和存在的无用的宏伟空论所掩饰不了、抹杀不了的。这是这个世界生活中经过几百万年的机遇和二十个世纪的基督教都磨灭不了的。它在精神世界中是如同原子、亚原子在物理世界中一样基本的不可磨

---

① 布拉德雷(Francis Herbert Bradley,1846—1924),英国唯心主义哲学家,他反对正在兴起的达尔文主义的机械论思潮。

灭的成分。它向人们表示出来的意义就是,任何哲学如果看不到这种事件中包含的追求一切意识经验中高尚的成分,那它是骗人的。这些事实无可辩驳地证明了宗教是虚无的。人类不会再给宗教二十个世纪或二十一个世纪来磨炼自己,徒然浪费人类的时间。宗教的时代已经过去;它的考验期已经结束;它自己的记录结束了自己。人类不能花极其漫长的时间去对遭到怀疑的体系进行试验。*

这就是一个经验主义人士对理性主义者开出的菜单的反应。那是一种全然谢绝的反应。斯威夫特先生说:"宗教就像一个梦游者,实际事物对他来说是一片空白。"现今每一个认真探索的哲学爱好者请哲学教授为他们提供满足本性需要的方法,这种哲学爱好者,虽然可能不是那样充满强烈的情感,但对宗教也持与上面同样的看法。经验主义的作家给他们提供了唯物主义,理性主义者给他们提供了宗教性的东西,但是,对于那种宗教来说,"实际事物是一片空白。"他就这样成为我们哲学家的评判者。无论是柔和性的哲学家还是刚毅性的哲学家,他发现我们都有所欠缺。我们谁也不能用轻蔑的态度对待他的评判,因为毕竟他的心灵才是典型完全的心灵。这种心灵要求的总和是最伟大的,这种心灵的批评和不满终究是决定性的。

正是在这一点上开始出现了我自己的解决方法。我提出实用

---

\* 斯威夫特,《人类的屈辱》(*Human Submission*),第二卷,费城自由出版社1905年版,第4—10页。

主义这个怪名称作为可以满足两种要求的哲学。它能够像理性主义那样保持有宗教性，但同时又能像经验主义那样保持与事实的最丰富的密切关系。我希望你们大家能和我一样赞成这种实用主义。可是，我这堂课的时间快结束了，现在我先不介绍实用主义本身。下次一开始就来介绍它。现在我还是回到刚才说过的东西上再讲一点吧。

如果你们当中有哪位是专业的哲学家（我知道有几位），就一定会觉得我到现在所讲的东西很粗浅，粗浅得简直到了令人难以置信的程度。柔和气质和刚毅气质——这是多么粗糙的分类。一般说来，哲学是充满了精巧的理智、精细的分析和严谨的论证的，哲学领域里有各种可能的结合和过渡，可现在却把哲学领域的冲突说成是两种敌对气质的乱七八糟的相互打架，这是多么粗俗的滑稽画，竟把最高级的东西归结为最低级的表达。这是多么幼稚的表面化的观点！而且，还把理性主义体系的抽象当作罪恶来看待，责骂这种体系把自己作为避难的场所贡献出来而不是作为事实世界的延续，这种说法是多么的愚蠢！难道我们的所有理论不都是救治的方法和避难所吗？如果哲学要有宗教性，那么，它除了作为逃避现实表面的极度愚钝的场所以外，还能是别的东西吗？这种哲学提高我们使我们脱离动物感觉的范围，V并在理智领悟的一切实在相对应的理想原则的宏大架构中给我们指出一个更崇高的心灵的家园，除了这样好的事情以外，难道还能有别的更好的事情吗？原则和一般观点不是抽象的概要还能是什么呢？难道科隆大教堂没有建筑师的蓝图能够建造起来吗？精致本身难道是一件令人讨厌的事吗？难道只有具体的粗糙的东西才是唯一的真实的吗？

请相信我,我感到了这种责难的全部分量。我给出的图像确实是过于简单和粗糙的。但正像所有抽象那样,这种图像也表明它的用处。如果哲学家可以抽象地对待宇宙的生命,那么他们就一定不应当抱怨对哲学生命本身的抽象对待。事实上,我所给出的图像不论多么粗糙和简略,但都是完全真实的。不同气质的追求和拒绝的确决定着人们的不同的哲学,而且将总是如此。体系的具体细节可以一点点地推想出来,而研究者研究一种体系时,他常常会只见树木不见森林。可是,在工作完成时,心灵总是做了很大的概括工作,于是体系便立刻像一个有生命的东西,以其特别简单的个性特征呈现在人们的面前,就像我们的一个朋友或敌人死了以后,他的幽灵常在我们的记忆中浮现。

　　惠特曼在他的书中写道:"谁看到这本书他就如见其人"①,能够这样写的不仅是惠特曼一个人。所有伟大哲学家的著作都是文如其人的。我们对每一本书都会感到它特有的、无法形容的基本的个人风味,这种感觉是我们自己的成功的哲学教育的最好成果。一种体系往往声称是对伟大上帝的宇宙的描述。其实它本来就是——而且是昭然若揭的——是某一位老兄非常古怪的个人趣味的一种表露而已。一旦把它归结为这些词语(对于那些学识丰富的有批判思想的人来说),我们所有的哲学都可以这样地归结起来,我们与各种体系之间的交道就变成了一种平平常常的事情,变成了人们满意或不满意的本能反应。我们对赞成或反对的意见变

---

　　① 惠特曼(Walt Whitman, 1819—1892),著名的美国作家,他在以结合名称《草叶集》出版的一系列诗歌中热烈赞颂民主、人群和自我。詹姆士从这一诗集中引用了颇像《临别之歌》中的"再见"的诗句。

得非常果断,就像对待一个候选人那样凭我们的意愿决定取舍;我们的评判也是用同样简单的形容词加以褒贬。我们总是按照自己对宇宙的感觉来衡量宇宙的整个性质,对照哲学给我们提供的趣味,只用一个字就够了。

我们说,为什么"抛开上帝赋予人类的活泼天性"[①]反而偏要那种含糊不清的云里雾里的编造,那种僵硬笨拙的、古板的东西,那种矫揉造作的东西,那种陈腐的课堂产品,那种病人的梦呓,丢开它!丢开所有这一切吧!真讨厌!真讨厌!

我们对于一个哲学家的体系的细节的了解实际上就是我们对那个哲学家的最后印象;但是我们的反应正是针对这种最后印象本身做出的。衡量对哲学的精通和透彻程度的是我们的确定的概括反应,是专家用来表示这种复杂对象的直接感知性描述语。但是,想出这种描述语并不需要对哲学极为精通。很少有人自己有确定的清楚明白的哲学。但是,几乎每个人都对宇宙的某种总体性质有自己的特殊感觉,并且感到自己所了解的那些特殊体系与宇宙的总体性质并不完全适合。那些体系并不能完全说明他的世界。他感到,一种体系太简单,另一种体系又过于学究气,第三种体系各种意见混合交织,过于庞杂,第四种体系病态的消极成分太重,第五种体系又过于矫揉造作,如此等等,不一而足。无论如何,他和我们都能够一下子就知道,这些哲学都是不准确、不合适、不协调的,是无权以宇宙的名义来说话的。柏拉图、洛克、

---

① 詹姆士引用了德国诗人、剧作家、小说家和哲学家歌德(Johann Wolfgang von Goethe, 1749—1832)的《浮士德》中的诗句:"抛开上帝赋予人类的活泼天性。"

斯宾诺莎[①]、穆勒、凯尔德、黑格尔(我小心地避开接近本国的人名),我相信,我的听众中的大多数人听见这些名字差不多只是提醒他们想起许多奇怪的个人遭遇的不同方式罢了。如果说这种对待宇宙的方式实际上是正确的,那显然是荒唐可笑的。

我们哲学家们必须重视你们的这种感情。我再说一遍,归根到底,这种感情就是用来最终评判我们的各种哲学的方式。观察事物的最终获得成功的方法就是普通人的心中认为完全是**最有印象**的方法。

还要说一句话,那就是,哲学必定是抽象的略图。有各种各样的略图,有些**宽大厚实**的建筑物的略图是设计者以立体形式设计的。有些建筑物的略图是用直尺和罗盘在纸上设计出来的平面图。这些建筑物即使用石头和灰浆建造起来,也还是显得贫乏和单薄。而这种略图就已经显示出结果来了。诚然,一个略图本身是贫乏的,但它并不一定就表示一个枯燥贫乏的东西。而通常的理性主义哲学正是由于它们**表示**的东西本质上是贫乏枯燥的,所以才引起经验主义者的排斥。斯宾塞的体系就可以很好地说明这一点。理性主义者觉得他列举的缺点是令人吃惊的。他的枯燥无味的教师气质,手摇风琴似的单调乏味,在辩论时喜欢用勉强凑合的例子来应付,他甚至在机械原理方面也没有受过多少教育;一般说来,他的所有基本观念都有些模糊不清,他的整个体系是僵硬呆板的,好像是许多破碎的硬松木板子钉在一起的——尽管如此,还

---

[①] 斯宾诺莎(Baruch de Spinoza,1632—1677),荷兰哲学家,在他的主要著作《伦理学》中,展开了一个泛神论的形而上学、心理学和伦理学体系,认为上帝和整个宇宙是同一的。

有一半英国人要把他葬在威斯敏斯特大教堂里。

为什么呢？为什么斯宾塞尽管在理性主义者的眼里有这些缺点还受到如此的崇敬呢？为什么许多有教养的人尽管感到他有缺点，也许还有你我，都希望看到他葬在那个大教堂呢？

就是由于我们感到他在哲学上怀有**真心善意**。他的原则可能是枯燥的，但无论如何，他的书都是尽量按照这个特殊世界躯体的特殊样子写出来的，透过他的书的字里行间都能听得出事实的声音；他不断地引证事实，强调事实，面对事实的方向进行研究；这些就足够了。在经验主义者看来，这就意味着**正确地对待事物的方式**。

我希望在下一次开始讲的实用主义哲学，对事实也保持着同样的亲密的关系，同时，不像斯宾塞那样始终把有益的宗教建设拒之门外，而是同样以热情的态度对待它。

我希望引导你们发现实用主义是你们所需要的中道的思想方法。

# 第二讲　实用主义的意义

　　几年前，我参加一个团体在山中野营的时候，有一次我独自漫步归来，发现大家正在进行一场激烈的形而上学争论。争论的**主题**是一只松鼠：假定有一只活泼的松鼠爬在一棵大树干的一侧，同时设想有一个人在树干的另一侧站着；这个人想看松鼠，于是很快地绕着树跑，可是尽管跑得快，松鼠却朝着相反的方向跑得同样快，总是与他隔着树，使他一眼也看不到。于是便发生了这样一个形而上学问题：**这个人是不是绕着松鼠跑呢？**不用说，他的确是绕着树跑，而且松鼠是在树上；可是，他是不是绕着松鼠跑呢？在野外生活，有的是闲暇，大家争辩得已经山穷水尽了。人人各执一词，互不相让；而且双方人数相等。因此，我一到，双方都来拉我，以便凑成多数压倒对方。我想到一句老生常谈：只要遇到矛盾，就得做出一种区别；于是我就立即去找，结果找到了下面这样一种区别。我说："哪一方面对，要看你们所说的'绕着'松鼠跑**实际上指的是什么**。如果是指从它的北面走到东面，再到南面，再到西面，然后再到它的北面，那么，他就显然是绕着它跑，因为他相继占据了这几个方位。但是，如果相反，你的'绕着'松鼠跑的意思是指先是在这松鼠的前面，然后在它的右边，然后在它的后面，然后在它的左面，最后又回到它的前面，那么，这个人显然并没有绕着它

## 第二讲 实用主义的意义

跑,因为松鼠朝着相反的方向跑,总是把肚子对着这个人,把背朝着外面。作了这个区别以后,就没有什么可争辩的了。你们双方都是对的,又都是错的,这就要看你们对'绕着跑'这个动词是以这种方式还是那种方式理解的。"

虽然有一两个比较激烈的争辩者认为我的说法是游移不定的循词,说他们不需要暧昧其词或烦琐分析,而只要老老实实地照"绕着"这个英语词的普通意义去了解,但是看来多数人都认为这个区别已经使争论得以平息了。

我讲这段小故事,是因为它可以非常简单地说明我现在要谈的**实用主义方法**。实用主义的方法基本上是一个解决形而上学争论的方法,没有这个方法,那些争论可能永远没完没了。世界是一还是多?是命定的还是自由的?是物质的还是精神的?这些见解对于这个世界来说可以都对,也可以都不对;对这些见解进行争论永无休止。在这种情况下,实用主义的方法就是力图找出每一种见解的实际后果来说明这种见解。如果这种见解为真而不是那种见解为真,那么对一个人来说实际上会发生什么差别?如果是看不出任何实际差别,这两种见解实际上就是一回事,全部争论全都是废话。只要这一项争论是认真严肃的,我们总应当能够指出,这一方对或那一方对必定会引起某种实际上的差别。

看一看实用主义这个观念的历史,可以使你更清楚地了解它的意义。Pragmatism(实用主义)这个名词来源于希腊语 πρᾶγμα,意思是行动,英语的 practice(实践)和 practical(实践的)都是由这个词引申出来的。1878 年皮尔斯先生首先把这个名词用到哲学上来。那一年的一月,他在《通俗科学月刊》\*上发表了一篇论文,题目是"怎样使我们的观念清楚明白"。这篇文章首先指出我们的信念实际上都是行动的准则,然后说,要说明一种思想的意义,我们只需要确定它适于产生什么样的行为:那种行为对于我们来说就是这思想的唯一的意义。我们的各种思想上的区别,从根本上说都包含着一个显著的事实,那就是这种区别不管多么精细,也只能是一种可能的实际的区别。要在我们的思想中对一个东西达到完全明白,那么,我们只需要看一看这个东西可能包含什么样的实际效果,我们可以希望从它引起什么样的感觉,以及我们必须准备做出何种反应。因此,我们对于这些直接的或遥远的效果的概念,就这个概念的肯定意义来说,就是我们对这个东西的全部概念。

这就是皮尔斯的原理,即实用主义原理。这个原理提出来以后的二十年间完全没有得到任何人的注意,直到 1898 年我在加利福尼亚大学哈维森教授的哲学会上发表演讲时,才重新提起,并且把它特别应用到宗教上来[①]。到这个时候,接受这个原理的时机似乎已经成熟。"实用主义"这个词就传扬开来了,现在,它在哲学杂志上也占有相当的地位。我们发现,在各个方面都谈到"实用主义运动",有时是以尊敬的口气在谈,有时则以傲慢无礼的态度来谈,但很少有人清楚地理解它。显然,这个名词可以很方便地用到许多倾向上,这些倾向至今还没有一个集合的名称,所以它也就成了"一个普遍认可的名称"了。

---

\* 译载于 1879 年 1 月的法国《哲学评论》(*Revue Philosophique*)第 7 卷。

① 哈维森(George Holmes Howison, 1834—1916),美国哲学家。他创立了在贝克莱的加利福尼亚大学哲学协会。

## 第二讲 实用主义的意义

要知道皮尔斯原理的重要性,我们必须经常地把它用到具体事例上。几年前,我就发现,德国莱比锡著名化学家奥斯特瓦尔德①在他关于科学哲学的讲演中就已经完全明确地使用了实用主义原理;虽然他没有使用这个名词。

奥斯特瓦尔德曾写信给我说:"一切实在都影响我们的实践:这种影响对我们来说就是实在的意义。我习惯于在班上向学生提出这样的问题:如果两个可能的观点中这个或那个是真的,那么世界在什么方面会有所不同呢?如果我们找不出什么不同,那么这两种选择就是没有任何意义的了。"

那就是说,两个互相对立的观点,在实际上意味着同样的东西;而对我们来说,除了实际的意义以外,并没有任何别的意义可言。奥斯特瓦尔德在一篇公开发表的讲演中举了这样一个例子说明他的意义。化学家们长久以来就为化学上称之为"互变异构(tautomerous)"的物体的内部构成争论不休。这些物体的属性似乎与这样的一个概念相一致:即在这些物体中有不稳定的氢原子来回振动着,或者是两种物体的不稳定的混合物。两种观点争论激烈,但从没有解决。奥斯特瓦尔德说:"争论双方如果先问问自己,要是这个观点或那个观点正确,在具体的实验事实上会有什么差别呢?如果这么一问,争论便根本不会开始。因为,如果那样一问,就会显出没有任何事实上的差别会发生;因而这个争论是不真

---

① 奥斯特瓦尔德(Friedrich Wilhelm Ostwald, 1853—1932),德国化学家,曾在哈佛大学任教一年,在此期间,他是詹姆士家中的常客。

实的,就好像原始时代的人们讨论用发酵剂发面的原理时,一派人说发酵现象的真实原因是招来了'粽仙',另一派人则坚持说是一种'灵气',这种争论是不真实的一样。"*

真令人感到奇怪,许多哲学上的争论一旦用这个简单的检验办法来寻找具体的效果,这些争论就立刻变得毫无意义。任何一处的差别都不可能不造成另一处的差别——就是说任何抽象真理上的差别都不可能不表现为具体事实上的差别以及由于这种事实而造成某个人在某时、某地、以某种方式表现于行动效果上的差别。如果这种或那种哲学的世界信条是真的,它会对你对我在我们生活的一定时刻造成什么样的确定的差别呢,哲学的全部功用就应当是找出这种确定的差别。

实用主义的方法绝无什么新奇之处。苏格拉底①就是使用这种方法的行家里手。亚里士多德全面系统地使用了这种方法②。

---

\* "理论与实践",见《奥地利工程师会刊》(*Zeitsch, des Oesterreichischen Ingenieur u. Architecn-Vereines*,1905,Nr. 4u. 6.)我在富兰克林教授的讲演中发现一种比奥斯特瓦尔德更激进的实用主义。他说:"称之为把物理学当成是质量、分子和以太的科学,即使研究者明白了,也是最有害的观念;但是,如果认为物理学是掌握物体并推动物体的方法的科学,即使研究者不完全明白,也还是最有益的观念。"(《科学》,1903年1月2日)[译按:富兰克林(William Suddards Franklin,1863—1930),美国物理学家。]

① 苏格拉底(Socrates,公元前469—前399),古希腊哲学家,以使用问答法寻求知识和美德而著名,柏拉图的老师。

② 亚里士多德(Aristotle,公元前384—前322),柏拉图的学生。但他与柏拉图不同,相信观念除了用于知识的目的以外不可能与其物质的表现分开。这就使得亚里士多德——如詹姆士所坚称的——成为实用主义方法的最早的最伟大的先驱,尽管亚里士多德在他的著作《形而上学》、《尼各马可伦理学》、《政治学》、《修辞学》、《诗学》和《物理学》中论述了大量不同的问题。

## 第二讲　实用主义的意义

洛克、贝克莱①和休谟②用这种方法对真理做出了巨大的贡献。霍奇逊坚持认为,实在只是人们所知道的东西③。但是这些实用主义的先驱们只是片断地运用了实用主义的方法;他们只是开了个头。直到我们这个时期,它才普遍化起来,成为对一种普适使命的自觉意识,敢于说具有赢得普遍接受的结果。我是相信这种结果的,我希望在我讲完的时候,相信你们会受到这种结果的鼓舞。

实用主义代表哲学上为人们完全熟悉的一种态度,即经验主义的态度,在我看来,它所代表的经验主义,比经验主义历来采取的形式更加彻底,而且没有多少可指责的地方。实用主义坚决地、完全地摒弃了职业哲学家们许多由来已久的习惯,避开了不切实际的抽象和不当之处,避开了字面上的解决方式、坏的**先验**理由,固定的原则,封闭的体系以及虚假的绝对和根本。它趋向于具体和恰当,依靠事实、行动和力量。这意味着经验主义的气质占优势地位,而理性主义的气质却被直率地抛弃了;这就意味着开放的气氛和各种可能的性质,而反对那种独断、矫揉造作和狂妄的终极真理。

同时,实用主义并不代表任何具体的结果,它不过是一种方

---

① 贝克莱(George Berkeley, 1685—1753),爱尔兰哲学家,科隆大教堂的主教。他维护唯心主义的信念,认为实在的知识依赖于知觉而不是依赖于存在。

② 休谟(David Hume, 1711—1776),苏格兰哲学家。他在《人性论》、《人类理解研究》、《道德原则研究》、《自然宗教对话录》等著作中,发展了一种关于人性的经验科学,它主要依据这样的一个信念,认为我们的一切观念都来自感觉印象和内省的感觉,实际事实不可能先天地得到证明,而是必须来自经验或在经验中发现。

③ 霍奇逊(Shadworth Hollway Hodgson, 1832—1912),英国哲学家。他的《哲学与经验》可能是詹姆士的实用主义诸多来源之一。

法。但是这种方法的普遍胜利意味着我在上一讲里说到的哲学"气质"的重大改变。极端理性主义类型的教师会受到排斥,正如朝臣式的官僚在共和国会受到排斥,或者像信奉教皇至上的天主教神父在奉行新教的国家会受到排斥一样。科学和形而上学就会更加接近,事实上,会密不可分。

形而上学通常会进行一种非常原始的追求。你们知道,人们是多么喜欢不正当的魔法,你们知道,魔法**词语**常常起多么大的作用。如果你知道精灵、妖魔鬼怪的名字,或者知道降伏他们的咒语,你就能够控制这些精灵、妖魔鬼怪或任何力量了。所罗门知道所有精灵的名字,并且在知道他们的名字以后,就能够使他们服从他的意志。这样,对于纯朴的心灵来说,宇宙总是像一种神秘莫测的谜团,解开这个谜团的钥匙必须在那些闪光而有力的语词或名称中去寻找。这些词说出了宇宙的**原则**,有了这些词,似乎就像拥有了宇宙本身。"上帝"、"物质"、"理性"、"绝对"、"能量"等都是解决宇宙之谜的名称。你有了这些名称,就可以放心了。你的形而上学追求就终结了。

但是,如果你采用实用主义的方法,你就不可能把上面所说的这些词当作追求的终结。你必须揭示出每个词实际的兑现价值,使它在你的经验之流中发挥作用。这种词不是对问题的解决,而是进一步工作的计划,特别是指出**改变**现存实在的各种方法。

**因此理论成为我们可以依靠的工具,而不是解答谜团的答案。** 我们不要躺在这些理论上,而是要向前推进,有时借助于它们重新改造自然。实用主义使我们的所有理论变得灵活,使它们柔和起来,使每一种理论都发挥作用。虽然它在本质上不是什么新的东

## 第二讲 实用主义的意义

西,但它能够与许多古老的哲学倾向相协调。例如,它总是关注特殊的东西,在这方面与唯名论相一致;在注重实践方面,它与功利主义相一致;在拒斥各种字面上的解决、无用的问题和形而上学的抽象方面,它与实证主义相一致。

你们看,所有这些方面都是**反理智主义**的倾向。实用主义充分武装并满怀斗志地反对理性主义作为一种自命不凡的主张和方法。但是,至少实用主义一开始并不代表一种特殊的结果。它除了方法之外,并没有什么独断的信条和理论。正如意大利的青年实用主义者巴比尼非常生动地说过的那样,实用主义在我们的各种理论中间就像旅馆里的一条走廊,许多房间的门都和它相通。你会看到,在一个房间里有一个人在写无神论著作;在它隔壁的房间里,住着一个人在跪着祈求信仰和力量;在第三个房间里,一个化学家在研究物质的属性;在第四个房间里,有人在构想唯心主义形而上学的体系;在第五个房间里,有人在证明形而上学的不可能性。但他们都共同拥有这条走廊,如果他们要找到一条进出各自房间可行的通道,那就必须经过这条走廊。

所以,实用主义的方法,并不是指什么特别的结果,只不过是确定方向的态度。**这种态度不是去看第一事物、原则、"范畴"和假定的必然性;而是要注意最后的事物、成果、结果、事实。**

关于实用主义方法要说的就是这些!你们也许会说,我只是对你们赞扬它而不是解释它。那么现在我就把它详细地解释一下,指出它是怎样对待人们所熟悉的那些问题的。现在,实用主义这个词有了一种更广泛的使用,也就是有某种**真理理论**的意义。我打算用整整的一讲来说明这种**真理理论**,现在先简短地谈一谈,为这一讲做一些铺垫。但是简短地讲并不容易,所以,我希望你们加倍注意地听上一刻钟。如果有许多不明白的地方,我希望在以后的各讲把它讲得更清楚些。

当今哲学中培育得最有成就的一个部门就是所谓归纳逻辑,它研究我们的科学逐步取得进展的条件。归纳逻辑的著作家们对于数学家、物理学家、化学家用公式表示出来的自然律和各种事实原理的意义是什么,表现出惊人的一致。当人们发现了最初的数学的、逻辑的和自然的齐一性,即最初的**定律**时,对所达到的结果的那种明晰性、那种优美和单纯性简直兴奋不已,因而相信自己已经真正破解了万能上帝的永恒思想。上帝的精神也表现和反映在三段论中。上帝也想到了二次曲线、乘方、开方和比率并且像欧几里得①那样运用几何学原理。上帝造出行星运动的开普勒定律②;他使落体的加速度和时间成正比;上帝造成了光折射时遵守的正弦定律;他确立了植物和动物的类、目、种、属,并确定了它们之间的远近关系。上帝想出了各种事物的原型并设计出了它们的变种;而当我们重新发现上帝的这些神奇规定的任何一种时,我们便领会了他心中的真正意图了。

但是在科学进一步向前发展时,一种渐渐占优势的看法认为我们的大部分甚至全部律则都只是近似的东西。而且律则也越来越多,不可胜数;在科学的所有部门都竞相提出了许许多多相反的公式,因而研究者们便习惯于这样的看法,认为没有一种理论是对

---

① 欧几里得(Euclid,大约在公元前 300 年间),古希腊数学家,著有《几何原理》。
② 开普勒(Johannes Kepler,1571—1630),德国天文学家。他发现了天体运动规律。

## 第二讲 实用主义的意义

实在的绝对的摹写。但从某种观点来看,任何一种理论都可能是有用的,它们的重大的用处便是总结、概括旧的事实并引导到新的事实。这些理论只是人工语言,有的人把它叫做概念的速记法,我们用它来书写出对自然的报告;而语言,众所周知,是允许有多种选择的表达方式和多种说话方式的。

因此,人类的随意性排斥了神圣的必然性。如果我提起西格瓦特[①]、马赫[②]、奥斯特瓦尔德、毕尔生[③]、米豪、彭加勒[④]、杜恒[⑤]、罗伊森[⑥]等人的名字,你们大家一定会很容易认出我们谈到的倾向,并且能够想到增加一些别的名字。

席勒和杜威两位先生现在在科学逻辑的研究上是领先的人物,他们都用实用主义来说明真理在各种场合下的意义。这两位导师说:无论在什么地方,我们的观念和信念中的"真理"同科学中的真理都具有相同的意义。他们说真理的意义就在于:**各种观念(它们本身只不过是我们经验的一部分)之成为真的**,正是在于它们帮助**我们**与其他部分的**经验发生满意的关系**,帮助我们通过概念的捷径,不用跟随着不断接续的特殊现象,把各种经验加以概括,加以贯通。可以说,任何一个观念,只要我们能够驾驭它,任何一个观念,只要它可以使我们顺利地从一部分经验到另一部分经

---

① 西格瓦特(Christoph Sigwart,1830—1904),德国逻辑学家。
② 马赫(Ernst Mach,1838—1916),奥地利物理学家和哲学家,维也纳学派的成员。他的思想对实用主义有一定影响。
③ 毕尔生(Karl Pearson,1857—1936),英国数学家,著有《科学语法》。
④ 彭加勒(Jules-Henri Poincaré,1854—1912),法国数学家。他的科学观与 P. 杜恒的科学观类似,对于"行为哲学"学派的成员如布隆代尔和勒·卢阿有一定影响。
⑤ 杜恒(Pierre Duhem,1861—1916),法国物理学家和科学史学家。
⑥ 罗伊森(Theodore Ruyssen,1868—1967),法国哲学家。

验互相发生联系,把各种事物满意地联系起来,可靠地起作用,又简便省力,那就是真的观念;所谓真,只是在于这一点,也仅仅限于这一点,所谓真,就是作为**有效的工具**。这就是杜威在芝加哥大学讲得很成功的真理工具观,也就是席勒在牛津大学讲得非常出色的那种真理观,即认为我们各种观念的真理性就是它们"起作用"的力量。

杜威、席勒两位先生和他们那一派学者达到这样一种关于一切真理的一般概念,不过是按照地质学家、生物学家和语言学家的榜样去做而已。在确立这些不同的科学中,获得成功的办法就是经常注意一些实际上可以观察到的简单的生效过程(如土地怎样受气候的剥蚀,生物如何从亲型物种进行进化,或方言怎样因吸收新的词和新的发音而发生变化),然后对它进行概括,使它能够适用于各种时期并且把贯穿各个年代的效果集中起来产生出重大的成果。

席勒和杜威特别选择出来进行概括的可观察的过程就是任何人都熟悉的可以借以确定**新意见**的过程。一个人已经有了一套旧的意见,如果遇到新的经验就会使这些旧的意见受到压力。有的人反对那些旧的意见;或者在思考活动中发现这些旧的意见是相互矛盾的;或者他听到了与这些旧的意见不相容的事实;或者他产生了使这些旧意见满足不了的愿望。结果使他产生一种以前一直没有过的内心的困扰,为了避免这种困扰,他便试图修改他以前的许多意见。他尽可能地保留旧的意见,因为在信念这个问题上,我们大家都是极为谨慎的。因此,就试着首先改变这个意见,然后又试着改变那个意见(因为这些意见抵制改变的情况是非常不同

## 第二讲 实用主义的意义

的),直到最后产生某种新的观念,他便可以把它移植到一套旧的意见上而使旧的看法受到最少的干扰,这种新的观念使一套旧的意见与新的经验相互协调,彼此能够最适当、最方便地结合起来。

这种新观念就这样作为真观念被采用了。它以最小的改变保留了旧的一套真理,并把它作适当的引申,使它能够容纳新的经验,但仍以尽可能熟悉的方式来设想这种新的经验。所有那些破坏我们先前看法的**过激的**解释,绝不能当作对新经验的真正说明。我们应当认真地四处搜寻,直到找出某种不那么离谱的说法为止。即使在个人信念上作最猛烈的变革还是会把大部分旧的秩序保留下来。时间和空间,原因和结果,自然和历史以及一个人自己的经历仍然会毫无改变地保留下来。新的真理总是一种进行调和的中介,总是便于过渡的缓冲器。新的真理将旧的意见与新的事实相融合从而总是表现出最低程度的振动和最大限度的连续。我们认为一种理论的正确程度是同它解决这个"最大和最小的问题"成功的程度成正比的。但是解决这个问题的成功显然是一个近似程度的问题。我们说,这个理论对于解决这个问题总的来说比那个理论更令人满意;但是,那只意味着使我们自己更满意而已,而各个人所强调的满意之点是不相同的。因此,在某种程度上说,任何事物都是有一定弹性的。

我现在希望你们特别注意的一点就是旧的真理所起的作用。实用主义对这一点考虑不够是它受到许多不公正的批评的根源。其实,旧的真理具有绝对支配性的影响。信守旧的真理是一个首要的原则——在多数情况下,是唯一的原则,因为,对于会使我们严重改变旧的已有见解的那些新奇现象,我们最常用的处理方法就是对这些新奇现象完全置之不理,或者责怪那些为新奇现象作证的人。

你们一定想要知道真理成长过程的一些实例;而唯一令人感到麻烦的是这种事例太多了。新的真理最简单的情况当然只是在数量上对我们的经验增加新种类的事实,或增加旧种类的新的单个事实——这种增加不涉及旧信念的改变。日复一日,它的内容只是有所增加。新的内容本身并不就是真理,它只是**产生了**和**存在着**。**真**是我们**对新内容的说法**,当我们说新内容产生了,那么只用一个普通的附加公式就满足了真的要求。

但是,一天的内容常常要求我们的看法做出改变。如果我现在突然尖声怪叫,像一个疯子那样在这个讲台上乱动一气,那就会使你们大家对我的哲学可能有的价值的看法发生改变。从前有一天发现了"镭",这就成为这一天内容的一部分,一时看起来,它似乎与我们对自然秩序的观念——所谓能量守恒的观念——相矛盾。只看到镭从它自身不断地把热能放射出来,这似乎违背了能量守恒定律。怎样看呢?如果说镭的放射只是原子里先已存在而未被发现的"潜能"释放出来,那么能量守恒的原理仍然得以保留。发现"氦"是放射的产物,就为这种信念打开了道路。因此,莱姆塞的看法一般都认为是正确的,因为它虽然扩展我们旧的能量观念,但却使旧观念的性质改变最小[①]。

我无须举更多的例子了。一种新的看法在多大程度上可以看

---

[①] 莱姆塞(Sir William Ramsay, 1852—1916),英国化学家。他在铀矿石中发现了氦。

作是"真"的,就要看它能够在多大程度上满足个人把新经验融入旧信念之中的要求。它必须既要依靠旧真理,又要掌握新事实;它的成功(像我刚才说的那样),是一个取决于个人评价的问题。旧真理通过新真理的添加而得到发展,是出于主体方面的理由,我们就是在这个过程之中,并服从这些理由的。一个新的观念如果能够最适合于发挥它满足我们这个双重要求的作用,那么它就是最真的观念。它是通过它的作用方式使自己成为真的,使自己归入真的一类;它把自己嫁接在旧真理的躯干上,于是它便成长起来,就像一棵大树靠新生层的活力得以长大一样。

杜威和席勒把这种观察加以概括并把它运用到真理的最古老的部分上去。那些部分也曾有一个时候是有可塑性的,当时它们被称之为真理也是有满足人的理由的。它们也能把更早的真理与当时的新的观察调和起来。纯粹客观的真理,在建立的时候对于满足人们使新旧经验相结合的要求根本不起任何作用的客观真理,无论在什么地方也是找不到的。我们之所以说某些事物**是**真的正是这些事物成为真的理由,因为"是真的"的意思仅仅**是指**这种结合的功能。

这样看来,什么事物都印上人类活动的痕迹。独立的真理,人们仅仅能**发现**的真理,不再因人的需要而变通的真理,总之,不能修正的真理;这种真理的存在——或者说,被理性主义的思想家们认为存在的真理实在是太多了;但是这种真理仅仅意味着一棵活树的死心,它的存在仅仅表明,真理也有它的化石形态,有它的"时效",也可能像多年辛勤劳动的老者那样变得僵硬起来,可能由于太古老而被人们看成是古董。但是就连那些古老的真理实际上也有可塑性，这一点已经由现在的逻辑学观念与数学观念的转变清楚地证明了。这种转变甚至正在对物理学发生影响。各种古老的公式被重新解释成一些更广泛原理的特殊表达方式，这些原理的现代形式和表达方式是我们的祖先从未见过的。

席勒先生现在仍旧把这种真理观称为"人本主义"，但是实用主义这个名称似乎越来越流行，所以我在这些讲演中将采用实用主义这个名称称呼它。

实用主义的范围是这样的：第一，是一种方法；第二，是一种真理的发生论。这两个题目是我们在下面必须加以讨论的。

我所讲的真理论，由于很简短，我相信，你们大家一定觉得不够清楚不够满意。我在后面要加以改进。我在关于"常识"的一讲中，将对我所说的真理历久会僵化为古董的意思加以说明。在另一讲中，我将详细说明的观念就是，我们的思想为真的程度是与这种思想成功地起中介作用的程度相一致的。在此后的一讲中，我要说明在真理的发展过程中要区别开主观因素与客观因素是多么的困难。你们可能不会完全按照我的思路听这些讲演，即使这样听了，也不一定完全同意我的看法。但是我知道，你们一定会认为我是认真严肃的，而且会以尊重的态度对待我的努力。

然而，如果你们知道席勒和杜威两位先生的理论曾经受到过大量的冷嘲热讽，你们也许会感到很惊讶。所有的理性主义者对他们群起而攻之。在有影响的人士当中，席勒简直被当成一个鲁莽的顽童加以苛责。这件事实从一个侧面充分反映了与实用主义气质相对立的理性主义气质，要不是这样，我本来不想提到它。实用主义如果离开了事实就觉得不舒服，而理性主义只有抽象出现才感到舒服。这位实用主义者谈到真理是多元的,谈到真理的效用与真理使人满意,谈到真理成功地"起作用",等等,在典型的理智主义者看来,这种谈论是把真理当成一种粗糙不完全的、第二流临时凑合的代用品。这种真理不是真正的真理,这些检验方法只是主观的。与此相反,客观真理必须是某种非功利性的,高贵而典雅的,遥远的,威严而崇高的。它必须是我们的思想与一个同样绝对的实在的绝对的符合。它必须是我们应当无条件地思考的东西。我们**总是**以有条件的方式去思考,这种方式所思考的只是不相干的问题,是心理学上的问题。在所有这些问题上,我们不要心理学,而要逻辑学!

请看这两种不同的看法形成多么强烈的对比!实用主义者坚持事实与具体性,在特殊事例中观察真理的作用,并且加以概括。对实用主义者来说,真理成了经验中各种确定的、有效用价值的类名词。而对理性主义者来说,真理仍然是纯粹的抽象,我们必须遵从的只是一个纯粹的名称。当实用主义者详细地说明了我们**为什么**必须遵从时,理性主义者却不能认识使他自己的抽象得以产生的那些具体情况。理性主义者责备我们**否定**真理;而我们只是要努力探索为什么人们遵循真理而且永远应当遵循真理。你们的典型的极端抽象主义者非常害怕具体性:在其他事物都同样的情况下,他肯定更喜欢苍白无力的和幽灵似的东西。如果有两个世界供他选择,他总是会选择那种干枯瘦削的外形而不选那丰满厚实的实在。他以为那外形要更纯粹得多、更明晰得多、更高尚得多。

我希望在接下来的这些讲演中所提倡的实用主义的具体性和它对事实的接近可以向你们表明,这是实用主义的最令人满意的特征。实用主义在这里只是仿照其他相关科学的榜样,用已被观察到的事实来解释未被观察到的事实。它把旧的和新的和谐一致地结合在一起。它把我们的心灵和实在之间静止的"符合"关系(我们在后面再来研究它的意义)这种绝对空间的概念变成了我们的特殊思想和其他经验的大宇宙之间的丰富和积极的相互交流(任何人都会详细地探索和理解),我们的特殊思想在这大宇宙中发挥作用并产生它们的用处。

先说到这里。待后再对我所说的进行论证,说明其合理性。现在我要加上一句话来进一步解释我上次所作的论断:实用主义可能把经验主义思想方法与人类的更多宗教性的要求完满地协调起来。

你们可能还记得我曾说过,有强烈的热爱事实的气质的人很容易与现今流行的不怎么同情事实的唯心主义哲学保持一定的距离。这种哲学过于理智化了。旧式的有神论把上帝看作至高无上的君主并具有许多不可理解的荒唐的"属性",这真是够糟糕的了;但是,只要它坚持目的论的论点,它就与具体的实在保持一些接触。不过,自从达尔文主义把目的论彻底地从"科学的"头脑里驱逐出去以来,有神论就失去了那个立足点;因此,如果说什么有神论的话,那是我们的现代想象力所推崇的那种内在论和泛神论的神性在事物**之内**起作用,而不是在事物之上的主宰。热心于哲学的宗教转折的人,现在通常是满怀希望地趋向唯心主义的泛神论而不是趋向旧的二元主义的有神论,尽管现在还有一些屈指可数的为这种二元论的有神论辩护的人。

## 第二讲　实用主义的意义

但是,具有这种标记的泛神论,正如我在第一讲中说过的那样,是很难为他们所吸收的,只要他们是热爱事实或具有经验主义头脑的人。这种泛神论具有绝对主义的标记,它抛弃微末细节的烟尘而建立在纯粹的逻辑上。它与具体性没有任何联系,它肯定的绝对精神也就是他的上帝,是所有特殊事实的理性前提,不管这些特殊事实是什么,但它对于我们的世界里各种特殊事实实际上是什么仍然是漠不相关的。不论这些特殊事实是什么,绝对总是创生它们的根本。就像《伊索寓言》中所讲的那只病狮,所有的足迹都是朝着它的洞穴的,却**没有一个足迹是朝着洞外的**(*nulla vestigia retrorsum*)。你不可能靠"绝对"之助回到特殊事实的世界之中,也不可能从关于绝对本性的观念中推论出对你生活有重要意义的具体事物的必然结果。诚然,他对你保证,有了他和他的永久的思想方法,一切都好了;但他仍然让你用你自己的尘世的办法一点一点地拯救自己。

我绝不否认这种概念的威严,也不否认它对那些最可敬的那一类人产生宗教安慰的能力。但是从人的观点来看,任何人都不能妄称这种概念没有冷漠和抽象的缺点。显然它就是我大胆地称之为理性主义气质的产物。它轻视经验主义的需要。它用一种苍白的外形去代替丰富的实在世界。它是漂亮的,它在贬义上说是精致高雅的,也就是说,高雅了就不适合于做卑贱的事情了。在我看来,在这个充满汗水和污垢的实在世界里,如果一种看待事物的观点是"崇高的",就应当推测它是不真实的、在哲学上是不够格的。魔王,也许像人们所说的那样是个绅士,但不论天上或地上的上帝是什么,他绝不会是个绅士。在充满人生磨难的尘世中,需要上帝的平凡的服务,甚至更甚于高天之上需要他的尊严。

实用主义虽然倾心于事实,但却没有普通经验主义劳作的那种唯物主义的偏向。而且,只要抽象概念能够帮助你在特殊事物中通行无阻,能够实际上把你带到某个地方,实用主义也根本不反对进行抽象。它所感兴趣的结论只是我们的思想与我们的经验协调一致得出的那些结论,它对神学并不存在任何**先天的**偏见。**如果神学观念能够证明自己对具体的生活有某种价值,那么对于实用主义来说,这些观念既然有这么大的用处,也就在这个意义上是真的。**至于此外它们还有多大程度是真的,则完全取决于它们与其他也应当得到承认的真理的关系。

我刚才说到的关于绝对、关于先验唯心主义的一些看法,就是一个适当的例子。首先,我把它称之为威严的绝对的概念,并且说它能够给某一类人产生宗教的安慰,然后我又对它提出责难,认为它冷漠和无用。但是,只要它能给人带来这种安慰,那就肯定不是无用的;它就有那么大的价值;它起着一种具体的作用。作为一个好的实用主义者,我自己应当"**就这个程度上说**",这个绝对是真的;而且,我现在毫不犹豫地这样说了。

但是在这个例子中"**在这个程度上是真的**"是什么意思呢?要回答这个问题,我们只需运用实用主义的方法就成了。相信"绝对"的人说,他们的信念给他们以安慰是什么意思呢?他们的意思是,由于在绝对中,有限的恶已被否决,那么,如果我们愿意,我们就可以把暂时的东西看成似乎是潜在地永恒并且没有罪恶,我们便可消除恐惧,减少我们的有限责任带来的烦恼。总之,他们的意思就是，我们有权时常享受一个道德上的休假日，让世界照它自己的方式变来变去，我们会感到世界的问题有比我们高明的能手来解决，而与我们不相干。

宇宙是一个体系，这个体系中的个别成员可以偶尔摆脱他们的烦恼，人们怀着无所牵挂的心情也是对的，而且有道德上的休假日也是正常的——如果我没有弄错的话，这至少就是我们"所知道的"绝对的一部分，这就是绝对可以为真的方面在我们的特殊的经验中给我们造成的巨大差别，用实用主义的方式来解释，这就是它的兑现价值。此外，普通的在哲学上非专门的读者在倾向于绝对唯心主义时，一般都不大愿意大胆明确地表示自己的看法。他能够在一定程度上应用"绝对"，而这种一定程度是很宝贵的。因此，他不愿意听到你们以不相信的态度谈到绝对，而且他并不去注意你们的批评，因为这些批评涉及他所不赞成的一些方面。

如果"绝对"的意义是这样的，而且仅限于此，那么，谁能否定它的真理性呢？否定它就等于坚持要人们永远没有休息，永远没有正常的休息日。

我知道，你们有些人在听到我说，一个观念，只要我们相信它对我们的生活是有益的，那么它就是"真的"，你们一定会感到非常奇怪。如果说只要它是有益的，它就是善的，那你们一定会乐于承认。如果我们由于这个观念的帮助做出来的事情是善的，那你们一定会同意这个观念本身也是善的，因为我们有了这个观念就会更有好处。但是，你们一定会说，如果由于这个原因而把这些观念也叫做"真的"，那岂不是对"真"这个词的奇怪的误用吗？

在我讲演的现在这个阶段还不可能充分地解答这个难题。你们在这里接触到席勒先生、杜威先生和我自己的真理论的中心问题，这个问题我要到第六讲才能详细讨论。现在让我只说这样一点：**真是善的一种**，而不是像通常人们所设想的那样，真与善相区别，是与善相并列的一个范畴。**凡是在信念上证明本身是善的，并且依据某些明确的、能够指出的理由也是善的，那么，我们就称它是真的。**你们肯定会承认，如果真的观念对人生没有好处，或者如果认识真的观念肯定是不利的，而假的观念却是唯一有用的，那么，认为真理是神圣可贵，追求真理义不容辞的那种见解就绝不会得到发展也绝不会变成信条。在那样一个世界里，我们的义务倒不如说是**回避**真理。但是，在这个世界里，正如某些食物不但适合我们的口味，而且有益于我们的牙齿、胃和机体组织那样，也有一些观念不但想到时感到适意或者适于支持我们所喜欢的其他观念，而且也有助于生活的实际斗争。要是有一种生活确实很好，值得我们去过，同时有一种观念只要相信了就可以帮助我们去过那种生活，那么**我们最好就**相信那种观念，**除非是相信了它有时会与其他更重大的利益相抵触**。

"我们最好就去相信的东西！"这话听起来很像是给真理下的定义。这话很像是说"我们**应当**相信的东西"：在**这个**定义里，你们谁也不会发现有什么奇怪之处。难道我们不应该相信**我们最好**就去相信的东西吗？我们难道能够把对我们是好的东西的概念和对我们是真的东西的概念完全分开吗？

实用主义认为，不，不能分开。我完全同意这种说法。就抽象的论断来说，大概你们也会同意，但是你们会有一个疑问，就是如果我们实际上相信对我们自己个人生活有益的一切东西，那么，我们就会沉溺于有关这个世界上的事情的种种空想和各种伤感的有关来世的迷信中了。你们的这种疑问的确是有一定根据的,而当你们从抽象到具体时,显然会有一些使情况变得复杂的事情发生的。

我刚才说过,我们最好就去相信的东西就是真的,**除非是相信了它有时会与其他更重大的利益相抵触**。那么,在实际生活中,我们的特殊的信念最容易和什么重大的利益相抵触呢?事实上,除了能够证明与这些信念不相容的**其他信念**产生的重大利益以外,还有什么呢?换言之,我们的各种真理中任何一个真理的最大敌人可能就是这个真理以外的我们的其余的真理。真理永远具有的这种顽强进行自保和希望清除所有与之相矛盾的东西的本性。我对绝对的概念,是根据绝对对我产生的善,这种信念一定要受到我的所有其他信念的严格的检验。假定这种信念可能真的给予我道德上的休息日。然而,在我看来——现在让我说句心里话,就算是私下说的吧——这种信念是和我的其他信念相抵触的,我不愿意为了它而抛弃我的其他真理的好处。这种信念碰巧和我所反对的一种逻辑相联系,我发现它使我陷入无法接受的形而上学矛盾的困境,如此等等。但即使不加上这些理智上的矛盾带来的烦恼,我在生活上的烦恼就够多的了,所以我个人只好放弃这个"绝对"。我只是**利用**我的道德上的休息日;或者我就作为一个职业的哲学家,试图用别的原理对它们进行论证。

如果我能把我对"绝对"的概念限制在它提供的单纯休息日的价值上,那它就不会和我的别的真理发生抵触了。但是我们不可能很容易地就这样来限制我们的假设。这些假设还有许许多多另外的特征,而正是这些另外的特征与它产生这样的抵触。我不愿相信绝对也就意味着我不愿相信这许多另外的特征,因为我完全相信利用道德上的休息日是合适的。

你们由此可以看出,我在前面把实用主义叫做中间人、和事佬,并且借用了巴比尼说的话,实用主义"软化了"我们的各种理论,究竟是什么意思。它事实上没有任何偏见,没有固执的教条,对于什么应当算作证明也没有硬性的规定。它是十分温和的。它愿意采取任何假设,愿意考虑任何证据。由此可见,它在宗教范围内有一种很大的好处,既胜过实证论的经验主义及其反神学的偏向,也胜过宗教的理性主义及其专门追求玄远、高尚、简单和抽象的概念的狭隘兴趣。

总之,实用主义扩大了追寻上帝的领域。理性主义只盯住逻辑和天界。经验主义只盯住外在的感觉。实用主义愿意采纳任何东西,既遵从逻辑,也遵从感觉,并且重视最卑微、最具个人性质的经验。要是神秘经验有实际的效果,它也愿意重视神秘经验。假如在私人事实的灰土堆里可以找到上帝的话,实用主义也愿意接受一位住在这种灰土堆里的上帝。

实用主义检验或然真理的唯一标准,就是看哪个能给予我们最有效的引导,哪个最能适合于生活的各个部分,并且能够与经验的各种要求全部结合起来,毫无遗漏。要是神学观念可以做到这一点,尤其是倘若上帝的概念确实可以做到这一点,实用主义怎么能否认上帝的存在呢?一个在实用上取得这样大的成功的概念,如果有人说它"不真实",那么实用主义可以认为这种说法是毫无意义的。除了这种与具体的实在相符合以外,对于实用主义来说,难道还有什么别的真理吗？

　　在我的最后的一讲里，我还要再回过头来谈谈实用主义与宗教的关系。但现在你们就可以看出实用主义是多么的民主了。它的行为方式和大自然的行为方式一样是多姿多彩和变换自如的，它的资源同大自然一样丰富无穷，它的结果同大自然提供的结果一样亲切友善。

# 第三讲　对几个形而上学问题的实用主义的思考

现在,我要给你们提供一些把实用主义方法用到具体问题上的实例,使你们对这种方法更熟悉一些。我要从最枯燥无味的东西讲起,首先讲一讲**实体**问题。每个人都在使用实体与属性这种古老的区别,这种区别蕴涵在人类语言结构上的语法主语和谓语的区别中。这里有一支写黑板用的粉笔。它的形式、属性、特性、偶性或性质——随便你用哪一个名词——都是白的、易碎的、圆柱形的、不溶于水的等等。但是这些属性的承担者就是这么大的一块**白垩土**,因此,**白垩土**就是具有这些属性的实体。同样,这张桌子的属性就是"木料"这个实体所包含的属性,我的上衣的属性包含在"羊毛"这个实体里,如此等等。白垩土、木料、羊毛虽然各不相同,但又表现出一些共同的性质,而就这些性质来说,它们本身又算作更基本的实体——**物质**的形式,物质的属性是占有空间和不可入性。同样,我们的思想与感觉是我们各自**灵魂**这个实体的特性或属性,而灵魂也不是完全独立的实体,因为灵魂是更深层的实体——"精神"的形式。

人们很早就明白,关于白垩土**我们所知道的**一切就是白的、易碎的,等等;关于羊毛**我们所知道的**一切就是有易燃性和纤维性结构。一组属性就是每个实体为大家所知道的东西,这些属性就构成了这个实体对我们的实际经验的唯一兑现价值。在每一实例中,实体都是通过这些**属性**显示出来的;如果我们不知道这些**属性**,我们就绝不会想到实体的存在;如果上帝以不变的次序把这些属性不断地传递给我们,而在某一瞬间神奇地取消了支持这些属性的实体,那我们也绝不会觉察到这么一个瞬间的,因为我们的经验本身并没有改变。由于人类有一个把名称变成实物的根深蒂固的习惯,因此,唯名论者才提出了实体是虚假的观念这种看法。现象都是一群一群地出现的,如白垩土群、木料群,等等;每一群都有自己的名称。于是,我们便把名称当作支持这群现象的来看待。例如,今天温度表上显示的温度低,就被认为是叫做"气候"的东西造成的。气候实际上只是一组日子的名称,但却被当作好像在这日子**背后**的东西来看待,一般说来,我们把名称看作好像是某种实在,在具有这个名称的事实的背后。但是唯名论者说,事物的现象属性,绝不是名称所固有的,如果它们不是名称中固有的,那么,它们也就不是任何东西所固有的了。这些现象属性只是**互相依附**,或者说是**互相结合**在一起罢了,以为这种不可接近的实体支持着这些属性的结合,就像水泥能够支持着一块一块的马赛克那样,因而就以这种实体来说明这样的结合,这种关于不可接近的实体的观念是必须抛弃的。这种实体观念所表示的仅仅是相互结合这个事实本身,在这个事实背后,是没有任何东西的。

  经院哲学从常识中拿来实体概念,把它造成一个很专门、很清晰明确的概念。在我们看来,由于我们脱离了与实体的一切接触,因而再没有什么东西比实体更少实际的效果了。但在有一个事例上，经院哲学却用实用主义的方法对待实体观念从而证明了实体观念的重要性。我指的是关于圣餐的神秘争论。在这里，实体似乎具有重大的实用价值。因为在圣餐中那圣饼的偶性是没有改变的，但它却成了基督的肉体；这种变化一定只发生在实体中。饼的实体一定是被换掉了，而神奇地换成了神圣的实体，但它的直接可感知属性却没有改变。虽然这些属性没有改变，但却造成了一种巨大的差别，那就是受圣餐的人现在吃的正是神的实体。如果你们承认实体能够与它们的偶性分开，同时又能与别的偶性相交换，那么实体观念就进入了生活，因而产生了重大的效果。

这就是我所知道的对实体观念的唯一的一次实用主义的运用，显然，只是那些已经相信有独立根据的"实在存在"的人才会认真对待这种实体观念。

贝克莱对于**物质实体**的批判具有非常显著的影响，所以他的名字在以后的哲学家中反复传扬。贝克莱对物质概念的看法是众所周知的，因而用不着多说。他绝不否认我们所认知的外部世界，而且还进一步论证了它。经院派主张的物质实体概念是我们难于接近的，它是在外部世界**背后**、比外部世界更深邃、更真实的，需要它来支持外部世界的，贝克莱认为，正是这种物质实体概念是最有效地把外部世界归结为非实在的。贝克莱说，消除这种实体，相信你所能了解和接近的上帝会使你进入直接感到的世界，你就是靠上帝的神圣权威来证实和支持这个世界的。因此，贝克莱对"物质"的批判绝对是实用主义的。物质就是我们所感知的作为颜色、形态、硬度等等的感觉。这些感觉是物质这个词的兑现价值。物质由于真正的存在给我们造成的差别就是我们因此而有了这些感

## 第三讲 对几个形而上学问题的实用主义的思考

觉,它不存在,我们就没有这些感觉。因此,这些感觉就是物质的唯一意义。显然,贝克莱并没有否认物质;他只是告诉我们构成物质的是什么。物质就是所能感觉到的东西的真正名称。

洛克以及随后的休谟,对于**精神实体**的概念作了同样的实用主义的批评。这里,我只提一下洛克对"个体同一性"的解释。他直接依据经验把这一概念归结为它的实用价值。他说,这一概念的意思就是这样一种"意识":我们在生命的某一时刻能够记得别的许多时刻,并且感到这些时刻都是同一个历史的组成部分。理性主义把我们生命中的这种实际的连续性用灵魂实体的统一性来解释。但是,洛克说:假定上帝取消了意识,那么**我们**是不是会因为仍有灵魂原则而显得更好些呢?如果上帝把同样的意识加到不同的灵魂上去,**我们**会不会因为认识自己而感到自己更差些?在洛克那个时代,灵魂主要是受到责罚的东西。下面我们来看看,洛克怎样从这个观点出发进行讨论,使这个问题保持实用主义性质的。

他说:"假定一个人设想他自己的**灵魂**就是尼斯托或梭塞提斯曾经有过的同样的灵魂,难道他能够想象他们的行为也就是他自己的行为正如以前存在过的任何其他人的行为一样吗?但是他一旦发现他自己意识到尼斯托的任何行为,那么他就发现他自己同尼斯托是同一个人了。……正是在这种个人同一性的基础上才能确立赏罚的公平和正义。也许可以合理地认为,没有人必须对他所不知道的事情负责,但是,只要他的意识责备他或原谅他,他就必须接受他的任何厄运。假定一个人现在为他在另外一生所做的事而受到惩罚,而他对于那一生所做的事情丝毫没有意识到,那么这种惩罚与他自己所造成的苦难有什么区别呢?"

因此,在洛克看来,我们的个人同一性仅仅存在于可用实用主义的方法来规定的特殊事物之中。除了这些可证实的事实以外,是否它还内在于一种精神原则,这不过是一个奇怪的玄想而已。由于洛克有折中主义的偏向,他消极地容忍了关于在我们意识背后的实体性灵魂的信念。但是他的后继者休谟和在他以后的大多数经验主义心理学家,除了把灵魂作为我们内在生命中可以证实的内聚力的名称以外,都否定了灵魂。他们把它再降到经验之流中,把它变换成价值很小的"观念"及其相互间的特殊关联。正如我在前面说到的贝克莱的物质那样,灵魂也只有**那么一点**好的或"真的"意思,而没有更多。

提起物质性实体,自然会使人联想起"唯物主义"理论,但是哲学上的唯物主义并不一定和相信"物质"作为形而上学原则联系在一起。一个人可以在这个意义上像贝克莱那样强烈地否定物质,也可以像赫胥黎[1]那样是一个现象主义者,但仍然可以是一个更广意义上的唯物主义者,用较低级的现象来解释较高级的现象,让世界的命运由它的较盲目的部分和力量去支配。正是这种更广意义上的唯物主义是反对唯灵论和有神论的。唯物主义认为,自然界的规律支配着事物。一个完全熟悉事实的人就可以推想出人类天才的最高成果,这种能力来自他们的生活条件,而与自然界是不是像唯心主义者所主张的那样为心灵而存在无关。我们的心灵在

---

[1] 赫胥黎(Thomas henry Huxley, 1825—1895),英国生物学家和散文作家。他是达尔文的事业的有很高威望的维护者。

## 第三讲 对几个形而上学问题的实用主义的思考

任何情况下都必须记录自然本身的实况,而且按照盲目的物理规律进行的运算把它记载下。这就是当今的唯物主义的一般情形,最好把这种唯物主义叫做自然主义。与它相对立的是"有神论"或者称之为广义的"唯灵论"。唯灵论认为,心灵不仅显示和记录事物,而且支配和管理事物;因此,世界不是由它的较低级的要素而是由较高级的要素指导的。

由于这个问题常常是这样地处理,因而差不多只是一个审美选择之间的对立而已。物质是低劣的、粗糙的、蠢笨的、污秽的;精神是纯洁的、高尚的、尊贵的;如果说应把显得高超的东西置于宇宙中的首要地位才与宇宙的尊严相一致,那么就必须肯定精神是宇宙中的支配性原则。理性主义者一个最大的缺点就是把抽象的原则看成是最后决定性的东西,在它的面前我们的理智可以在一种欣赏的沉思状态下心满意足了。唯灵论,照通常所认为的那样,也许仅仅是对一种抽象的欣赏,对另一种抽象的厌恶状态。我记得一位值得尊敬的唯灵论教授总是把唯物主义说成是"烂泥哲学"并且认为由此就驳倒了它。

对于这样的唯灵论,有一种很容易的回答,斯宾塞先生就作了给人印象深刻的回答。在他的《心理学》第一卷结尾的写得很精彩的几页中,他向我们指出,像现代科学在解释物质时所假定的那样,"物质"是如此的无限细微,而物质的运动又迅速巧妙得令人难以想象,而且没有留下任何粗糙的痕迹。他指出,我们人类迄今所造成的精神概念本身过于粗略,不能概括自然界精美细微的各种事实。他说,物质和精神这两个名词只不过是两个符号,指的是一个不可知的实在,其中没有这二者的对立。

对一种抽象的责难，用一种抽象的回答就够了；至于有的人由于轻视物质、把物质说成是粗劣的而反对唯物主义，斯宾塞先生已经从根本上驳斥了他们。物质的确是无限美妙和不可思议地精致的。一个人只要见过一个死去了的孩子或父母的面孔，看到物质**竟能**在某一时刻取得那样宝贵可爱的形式，仅仅这个事实就应该能使物质永远成为庄严神圣的东西了。不论生命的**原则**是什么，是物质的还是非物质的，物质总是协助、参与实现一切生命的目的的。刚才所说的那种可爱的肉体化身，就是物质的一种可能性。

现在我们就不按照这种呆板的理智主义的方式，停留在原则上了，让我们把实用主义的方法运用到这个问题上。我们说的物质是什么**意思**呢？世界为物质支配或为精神支配，**现在**能够产生什么样的实际的差别呢？我认为，我们可以发现这个问题会因此而表现出相当不同的性质。

首先，我请你们注意一个奇怪的事实。就世界的**过去**来说，无论我们认为它是物质造成的还是认为有一个神圣的精神是世界的主宰，其实一点差别也没有。

试想一下，世界的全部内容已经确定不移地提供出来了，再设想，这个世界在此刻就结束了，再没有将来了；然后让一个有神论者和一个唯物主义者各自用他们对立的看法来解释世界的历史。有神论者说明上帝如何创造世界；唯物主义者则说明（我们假定他能够同样成功地说明），这个世界是怎样从盲目的物理力产生出来的。那么，我们请实用主义者对这两种理论进行选择。既然世界已经完成，实用主义者又怎样来运用他的检验方法呢？对他来说，概念是用来寻求经验的，是使我们寻找差别的东西。但是，按照我们上面采取的假设,再也没有经验可寻,再也没有差别可找了。两种理论都说明了它们的一切结果,并且按照上面的假设,这些结果都是相同的。于是,实用主义者只好说,这两种理论尽管有听起来不同的名称,但意义是恰好相同的东西,这种争论纯粹是字面上的争论。(当然,我现在假定这两种理论在解释事物上**一直是**同样成功的。)

请认真地想一想这种情况,说说看,如果有个上帝,他的工作已经完成了,而他的世界已经结束了,那么这个上帝有什么**价值**呢?他的价值也就是那个世界的价值。他的创造力所达到的成果,连同他的功劳和缺点结合在一起的成果就是那么多,不会更多。既然已经没有将来,既然随着世界的结束就已经付出了世界的全部价值和意义并在随之而来的感觉中实现;因为再也不可能从世界为将来做准备的功能中吸取补充的意义(例如像我们的实在世界那样吸取意义),那么,我们为什么不能用它的尺度来衡量上帝呢?上帝是能够一劳永逸地做出**那个**世界的神;为此我们要感谢他的也就那么多,而不可能更多。但是现在,根据相反的假设,那么一些物质遵照它们的规律,也能造成那个世界,而且一点也不差,难道我们不是也应该感谢这些物质吗?如果我们不假设上帝,而只是让物质负责创造世界,那么,我们会在哪里遭到损失呢?哪里会产生出任何特殊的僵死或粗笨的东西呢?如果经验是一劳永逸最终完成的,那么上帝在经验中的存在又怎么会使经验更有活力、更为丰富呢?

坦率地说,要给这个问题提供一个答案是不可能的。无论按照哪一个假设,实际上经验到的世界在细节上都被认为是一样的,就像布隆宁(Browning)①说的那样,"无论是褒是贬,反正都一样"。世界就在那儿确立,无法取消也不可改变;就像送出去的一件礼物,不可能收回。把物质叫做世界的原因不会使构成世界的各种成分减少丝毫;把上帝叫做世界的原因,也不会使这些成分增加丝毫。世界的原因无论上帝还是原子,它们只是造成这个世界而不是别的世界的上帝或原子。如果真有上帝在那儿,他所做的事和原子所能做的——也就是在原子的性质中表现出来的——一样,上帝得到的感谢也和应当归于原子的感谢一样,而不会更多。如果上帝的存在并不能使这场表演产生不同的转折和结果,那么他也就一定不能给他增加什么尊严。如果上帝不存在,而原子仍然是舞台上的唯一演员,那么这场演出也不会因此就变得没有尊严了。当一场戏演完了,大幕落下了,这时你说这个剧的作者是光辉的天才,肯定不会使这出戏变得更好;你说那个作者是个笨蛋,也不会使这出戏变得更坏。

因此,如果从我们的假设中推论不出什么未来的具体经验或行为,那么唯物主义和有神论之间的争辩就成了完全无用和毫无意义的了。在这个事情上,上帝和物质意味着完全一样的东西——也就是不多不少恰好能够创造出这个完成了的世界同样的能力。而在这种情况下,聪明的人对这种多余的讨论就会转身而去。因此,对于这种看不出会产生什么明确的未来结果的哲学争论,大多数人都是本能地转身而去,而实证主义者和科学家们则经

---

① 詹姆士引自布隆宁(Robert Browning, 1812—1889)的《情人的争吵》,略有改动。

过认真的考虑才转身而去的。对于哲学的这种咬文嚼字的和空泛性质的责难的确是我们再熟悉不过的了。如果实用主义是真的，那么这种责难就是完全有道理的，除非能够证明那些受攻击的理论另外还有什么实际的结果，不管这些结果是多么柔弱和遥远。普通人和科学家都说他们找不到这样的结果，如果形而上学家也找不出这样的结果，那么别的反对他的人当然就是对的了。他的知识与技巧只是一些华而不实的琐碎东西而已；若是为这样一个人赋予教授头衔那就是愚蠢的。

因此，在每一次真正的形而上学争论中，都包含着一些实际的问题，不论它是推测性的还是遥远的。要认识到这一点，那就和我一起回到我们的问题上来，这一次，把你自己就放在我们所生活的世界里，放在有未来的世界里，那是在我们说话时还没有完成的世界。在这个未完成的世界里，选择"唯物主义还是有神论"是一个非常实际的问题，这是一个值得我们花点工夫搞清楚的实际问题。

如果我们认为，直到现在为止经验事实都是按照永恒规律运动的盲目的原子的无目的的构造，或者与此相反，认为这些经验事实是上帝的安排，那么这两种看法，在我们的行动纲领上有什么区别呢？就过去的事实来说，确实没有什么区别。这些事实是已经存在的，是确定了的，是既成的，它们当中包含的善是已经取得的，不管这些事实的原因是原子还是上帝。因此，现在我们周围有许多唯物主义者，他们完全忽视了这个问题的将来和实际的方面，想尽量消除人们对唯物主义这个词的厌恶，甚至要消除唯物主义这个词本身，他们指出，如果物质能够产生所有这些成果，那么，从功能上来看，物质不就是同上帝一样，事实上同上帝结为一体的神圣

102 实体吗？你们所说的上帝不就是这个意思吗？这些人建议我们不要再用这两个带有虚而不实的对立的术语了。一方面，用一个没有宗教含义的术语；另一方面则用一个没有低俗的、粗糙的和不文雅的意味的术语。谈谈原始的神秘、不可知的能量以及唯一的力量吧，既不要去说上帝也不要去说物质了。这是斯宾塞劝我们采取的路子，如果哲学是纯粹回顾过去的，那么斯宾塞就可以因此而宣称自己是一个杰出的实用主义者了。

但哲学又是展望未来的。在发现了世界是什么、做了什么、产生了什么以后，还要进一步问"世界还**预示**什么？"如果给我们的物质预示着**成功**，它受规律支配引导我们的世界越来越趋于完善，那么任何一个理性的人都会毫不迟疑地去崇拜物质，就像斯宾塞先生崇拜他自己的所谓不可知的力那样。这物质不仅有利于到目前为止的正义，而且还有利于永久的正义；而这就是我们所需要的一
103 切。它实际上在做着上帝所能做的一切，在一个上帝会显得多余的世界里，它就等于上帝，它起的作用就是上帝的作用；在这样一个世界里，谁也不会因没有上帝而感到有不合法则。在这里，"宇宙的情感"就成了代替宗教的确当的名称了。

但是使斯宾塞的宇宙进化过程得以进行的这种物质难道**就是**这样一种永不结束的完善原则吗？的确不是，因为按照科学的预测，每个宇宙进化的事物或事物体系的未来结局都是死亡的悲剧；而斯宾塞先生在这种争论中只局限于审美的方面而忽略了实际的方面，因而对于消除这个悲剧他并没有做出什么真正的贡献。但是，如果我们现在运用实际效果的原则，就会看到唯物主义和有神论的问题会直接地具有什么重要意义。

## 第三讲 对几个形而上学问题的实用主义的思考

如果我们对经验采取回溯性的往后看的观点，那么有神论和唯物主义的确没有什么差别，但是，如果我们采取展望未来向前看的观点，那么有神论和唯物主义却具有完全不同的看法。因为按照机械的进化论的物质和运动的再分布规律，尽管我们当然要感谢我们的机体给予我们的一切快乐时光，以及我们的心灵现在构成的一切理想，然而它们注定会再毁掉它们的成果，把它们曾经进化了的一切事物又进行重新分解。你们都知道，进化论科学所预见的宇宙最终状态的景象，在这方面，巴尔弗先生①说得再好不过了。他说："我们的宇宙体系中的各种能量将会衰减，太阳的光辉将会暗淡，地球上不再有潮涨潮落，不再有活力，它再也忍受不了这种奔腾不息的运动一度扰乱了它的寂静。人类将堕入深渊，他的一切思想将会消逝。在这个昏暗的角落里不安的意识曾在一个短期内打破了这个宇宙的自足的沉默，但它终将归于止息。物质将不再知道它自身。'永久的丰碑'，'不朽的功绩'，死亡本身和比死亡更强的爱，都将消失得无影无踪，就好像从来没有存在过一样。人类的劳作、天才、忠诚和艰辛经历无数年代所产生的一切，不管是好的还是坏的，也将不复存。"*

这就是它的问题所在：在宇宙风云巨大变幻中，虽然有许多宝石般的支柱浮现，有许多变幻的云团飘浮过去，它们在消失之前曾长久地徘徊游荡，正如给我们快乐的世界现在还在徘徊游荡一样——然而，当这些过眼烟云样的东西过去以后，就绝对**没有任何**

---

① 巴尔弗(Arthur James Balfour, 1848—1930)，英国哲学家和政治家。他曾致力于宣布英国政府表示支持犹太人在现今的以色列建立自己的国家。

\* 《信仰的基础》(*The Foundations of Belief*)，第 30 页。

**东西**存留下来可以代表它们的特殊的质,或它们所包含的那些珍贵的成分了。它们死亡了,消失了,完全脱离了存在的范围和场所。没有任何回响;没有留下任何记忆;对于后来可能出现的任何事物没有产生任何影响使它能够关注同样的理想。这种最终的毁灭和悲剧就是现今所理解的科学唯物主义的本质。永恒的力量是更低的力,而不是更高的力,或者是在我们能够确定地看到的唯一的进化周期里最后尚存的力量。斯宾塞先生和任何人一样相信这一点;真正使我们感到沮丧的是斯宾塞哲学的最后的实际结果的使人毫无慰藉、毫无寄托的那种凄凉忧伤的性质,既然如此,他为什么还要和我们争辩,好像我们是愚蠢地在审美的意义上反对"粗劣的物质和运动",反对他的哲学原理呢?

其实不然,反对唯物主义的真正理由,不是在肯定的方面而是在否定的方面。如果现在我们因为它**是**什么而责备它,说它"粗糙",那是可笑的。粗糙是粗糙的东西**造成的**——我们现在都知道它。相反,我们对唯物主义的责难,是因为它**不是**什么——它不是为我们的更为理想的价值提供永久的保证,它不是我们最深远的希望实现者。

另一方面,上帝的概念,虽然不如机械论哲学中非常流行的数学概念那么清晰明白,但是它至少有一个胜过它们的实际的优越性,那就是它保证一种理想秩序将会永久留存。有上帝存在的世界,也许终究会燃烧或冻结,但我们可以想到上帝仍然会关注旧的理想,而且一定会使这些理想在别处实现。所以,哪儿有上帝,悲剧就只是暂时的和局部的;毁灭和分解总不是绝对的最终的事情。这种对永恒的道义秩序的需要是我们内心最深刻的一种需要。像但丁①和华兹华斯②这样一些诗人,他们在这种道义秩序的信仰中生活,所以他们的诗篇才具有那种振奋精神和抚慰心灵的伟大力量。因此,唯物主义和唯灵论的真正意义就在于这些不同的感情上和实用上的诉求,就在于用不同的方法调整我们对希望和期待的具体的态度以及由它们的差异所产生的所有微妙的结果;而不在于对物质的内在本质或上帝的形而上学属性进行细枝末节的分析。唯物主义只是意味着否定秩序是永恒的,并且取消了我们的终极的希望;唯灵论则意味着肯定一种永恒的道义秩序并且展开了这种希望。对于任何一个感觉到这种道义秩序的人,都会认为它的确是真正的问题所在;就人之为人来说,总是会提出一些问题进行严肃的哲学争论的。

但是我们当中可能有人重新来为它们进行辩护。你们虽然承认,唯灵论和唯物主义对世界的未来做出了不同的预言,但你们自己可能对这种不同的预言不屑一顾,以为这是极为遥远的事,因而对于一个头脑清醒的人来说显得没有意义。你们也许会说,最要紧的是把眼光放得近些,因而感觉不到与有关世界终结的稀奇古怪的想法有什么关系。那么好吧,我只能说,如果你们这样看,你们就没有公正地对待人性。宗教的忧伤是不能单靠喊出精神错乱这个词就清除掉的。绝对的事物,最终事物,互相交错的事物真的

---

① 但丁(Dante Alighieri, 1265—1321),意大利诗人,写有《神曲》。
② 华兹华斯(William Wordsworth, 1770—1850),英国浪漫派诗人,以歌颂赋有神性的自然和青春的诗而著名,如《色彩缤纷的修道院》、《宣示不朽的颂歌》以及他的心灵的自传《序曲》。

都是与哲学有关的问题；所有优秀的人都会认真地感受这些问题，而那些目光极短的人只是代表一些更加粗浅的人的思想罢了。

当然，在辩论中有关事实问题就我们目前所了解的还是相当模糊的。各种形式的唯灵论的信仰都涉及一个**有希望**的世界，而唯物主义的太阳却降落在失望的海洋里。请记住关于"绝对"我所说的话：它给我们道义上的休假日。任何宗教观点都能给我们道义上的休假日。宗教不仅能激起我们奋发的时刻，而且也给我们带来快乐的、无忧的、满怀信赖的时刻，并证明它们是合理的。诚然它描绘的合理性的根据是相当含糊的。我们相信上帝会保证拯救未来，事实上的确切情况，必须用无数的科学方法才能揭示出来。我们只能通过研究上帝的创造物来**研究**我们的上帝，但是在所有那些研究的劳动开始之前，我们如果相信有一个上帝，就会享受上帝赐予我们的**快乐**。我自己相信上帝存在的证据主要在于个人的内在经验。当这些经验一旦使你相信有你的上帝，上帝这个名称至少会使你获得这种道义上休假日的好处。你们还记得我昨天说过的有关各种真理互相冲突、互相"颠覆"的情况。关于"上帝"的真理要受到我们的所有其他真理的挑战。它要受到其他真理的考验，其他真理也要受到上帝真理的考验。只有在所有其他真理全都搞清楚他们自身以后，我们才能确立关于上帝的**最后**的意见。我们希望这些真理能找到一个**暂时相处的办法来**！

现在让我们转到一个相关的哲学问题上来，即**自然界的合目的性问题**。从远古以来就认为有一些自然事实可以证明上帝的存在。有许多事实好像明明是为了相互适合而设计出来的。如啄木鸟的喙、舌、脚、尾等等，非常奇妙地适合于各种各样的树，有藏在

## 第三讲 对几个形而上学问题的实用主义的思考

树皮里的蛴螬作为它的食料。我们的眼睛的各部分完全适合于光学的定律,引导光线在视网膜上形成鲜明的图像。人们认为,事物之间的这种相互适应起源各不相同,都证明了存在合目的的设计。设计者总是被认为是一个热爱人类的神。

这些论证的第一步是要证明合目的性的**存在**。在自然界中可以找到各种不同事物相互适应的结果。例如,我们的眼睛起源于子宫内的黑暗,而光则源于太阳,但它们之间是多么互相适合啊。显然它们是**为了**相互适合而形成的。视觉是设计的最后目的。光与眼睛是为了达到这个目的的两个不同手段。

如果考虑到我们的祖先是怎样不约而同地一致感到这种论据的力量,人们就会觉得奇怪,为什么自从达尔文学说取得胜利以来,这种论据又显得微不足道了呢?达尔文打开了我们的眼界,使我们知道偶然变化的力量,只要把这些偶然变化加在一起,就会产生"适应"的效果来。他指出,自然界产生的结果因为不适应而受到破坏,造成巨大的浪费。他还着重指出,许多适应的东西,如果是设计出来的,那就证明有一个恶的而不是善的设计者。**在这里**一切都取决于看问题的观点。从树皮底下的蛴螬的观点看来,啄木鸟的机体这么奇妙地适合于把它从树皮底下拖出来,这肯定地证明了这个设计者简直像魔鬼似的毒辣了。

神学家在这个时期也开阔了他们的心胸,从而包容了达尔文所提出的许多事实,但仍然把这些事实解释为体现神的目的。这常常是一个目的论反对机械论非此即彼的问题。就好像有人这样说:"我的鞋子显然是设计得适合我的脚,所以它们不可能是机械生产出来的。"我们知道,这两者是兼而有之的:鞋子是机械做的,

111

而机械本身又是使鞋子与脚相适合而设计出来的。神学只需要把上帝的合目的的设计作类似的扩展就行了。比如说，足球队的目的不仅仅是把球踢进球门（如果是那样，那么他们直接在某个黑夜里从床上爬起来就把球放进球门好了），而是要按照**各种条件**构成**的固定的机理**——比赛规则以及对抗双方的运动员等等——把球踢进去。所以我们说，上帝的目的不单纯是创造人类和拯救人类，而是要通过自然界的巨大机械的唯一中介作用来完成这件工作。我们可以设想，如果没有自然界的宏伟的规律和反作用力，那么，对于上帝来说，人的创造和完善，就显得是太无趣味的成就了。

这种说法保存了合目的设计论的形式，但却失去了它原有的使人感到舒服的人性内容。设计者不再是原来那样的人格化的神，他的设计变得极为宏大以至于使我们人类无法理解。我们对这些设计是**什么**感到无比重大，相比之下，为这些设计确定**那一个**设计者，就显得不那么重要了。我们很难理解这个宇宙心灵的**特性**，只有在这个实际世界的特殊事物中发现了种种善与恶的奇怪混合之后，它的目的才能充分地揭示出来。或者更恰当地说，我们根本无法以任何可能的方法来了解它。单纯的"合目的"这个词本身并没有什么重要性，也说明不了什么问题。它是一个最空洞的原则。**是否**存在合目的性这个老问题也是空洞无用的。真正的问题就是，世界**是**什么、是不是有一个合目的的设计者——这只能通过研究全部自然的特殊事物揭示出来。

要记住，**不管**自然界可能产生了**什么**或者正在产生着什么，这种产生的手段必定总是适当的，必定是**适合于那种产生过程**。不管这种产物的性质如何，从适合到目的的论证总是适用的。例如最近发生的蒙特配雷①火山爆发,需要以往的全部历史才能在这可怕的地形构造上恰好产生出这些因素的结合,如毁坏的房屋、人和动物的尸体、沉没的船只、火山灰等。法国必须是一个国家,并且把马提尼克作为殖民地。我们的国家必须存在并且派我们的船只到那里去。**如果**上帝的目的就是要达到那样一种结果,那么多少世纪朝着这种目标施加种种影响所采取的手段表明是有奇妙智慧的。无论是自然界还是人类历史上我们所发现的实际上实现了的事物状况也都是这样。因为各部分的事物总一定会产生**某种确定的**结果,不论这些结果是混乱的还是和谐的。当我们看到实际产生的东西时,那些条件总好像是为了保证这些结果的产生而完全设计好了似的。因此,我们总是可以说,在任何可以设想的世界里,对于任何可以设想的性质,**也许**这整个宇宙机器是已经设计好来产生它的。

因此,在实用主义者看来,"合目的性设计"这个抽象名词是一个空弹壳。它不产生任何影响,它不执行任何任务。**什么样的设计呢?什么样的设计者呢?**这些才是唯一重要的问题,而且,即使要得到近似的答案,也只有研究事实,才是唯一的方法。而且,在事实还不能及时地给我们答案时,任何人如果坚持**有**一个设计者,而且相信那设计者是一个神,那么他都会从这个词得到一定的实用主义的好处——事实上,同我们从"上帝"、"精神"、"绝对"等词得到一样的好处。"合目的的设计"这个名词虽然仅仅作为一种放在

---

① 蒙特配雷(Mont-Peleé):1902年5月8日在拉丁美洲马提尼克岛爆发的火山,死亡30000余人。

事物之上或者事物之后供我们欣赏的理性主义原则,那是毫无价值的,但是如果我们的信仰把它塑造成某种有神论的东西,那么这个词就会成为一个**有希望**的词了。如果使它回到经验当中,我们就会获得一个对将来更有信心的看法。如果支配事物的不是一种盲目的力量,而是一种看得见的力量,我们就可以合理地期望有更好的结果。这种对未来的模糊的信心,是我们现在在合目的的设计和设计者这两个名词中所能分辨出来的实用主义的意义。但是如果"对宇宙的信心"是对的而不是错的,是更好而不是更坏,那么这就是一个最重要的意义。在这些名词中至少会包含许多可能的"真理"。

现在让我们来谈一谈另外一个经久不衰的问题——**自由意志问题**。多数相信所谓自由意志的人是按照理性主义的方式来看待它的。它是一个原则,是赋予人一种积极的能力或品德。它会使人的尊严奇妙地得到提升。人应当依照这个理由相信自由意志。决定论者否定自由意志,说个人并不创造什么东西,而只是过去宇宙的全部推动力向将来传递过程中的极其微小的表现。决定论者的这种说法贬损了人的作用。如果去掉了这个创造性原则,人就没有什么可羡慕的了。我想,你们中大部分人和我一样本能地相信自由意志,把它作为一个尊严的原则加以推崇,这与你们是否忠实于这个原则很有关系。

但是,自由意志问题也被人们以实用主义的方法来讨论。非常奇怪的是双方的辩论者都对它作了同样实用主义的解释。你们都知道,在伦理学的争论中,**责任**问题具有多么大的重要地位。一个人听了某些人的意见以后可能会认为,伦理学的全部宗旨就是

## 第三讲　对几个形而上学问题的实用主义的思考

作为道德的功过赏罚的准则。往昔的法律和神学的影响以及对罪与罚的关心，都深藏在我们的心中。"谁应负责任呢？我们能责罚谁呢？上帝将惩罚谁呢？"——这些萦绕心头的问题像噩梦似的充塞着人类的宗教历史。

自由意志论和决定论这两种观点都遭到猛烈的攻击，被称之为谬论，因为这两种观点，在各自的反对者眼中，似乎都不能使有善行或恶行的人对他们的行为承担应负的责任。这是多么奇怪的对立！自由意志意味着不断更新，总是把原来没有的东西加到旧的东西上。自由意志论者说，如果我们的行为是预先决定了的，如果我们只是传递全部过去的推动力，那么我们又有什么值得赞扬或受到责备的呢？我们只是一个"受动者"，而不是一个"主动者"，那么，哪里还有可归咎于我们的责任和义务呢？

但是，决定论者反驳说，如果我们**有了**自由意志，哪里会有什么可归咎的责任与义务呢？如果"自由的"活动是完全新的东西，它不是**从我**——从以前的我而来，而是**凭空**而来，只是硬加在我身上的东西，那么我——以前的我，怎么能负责呢？我怎么可能长久地保持一种稳定的**性格**，足以接受表扬或责罚呢？我的人生的花环中一天一天联系起来的内在必然的线一旦被荒谬的非决定论抽调，便成了一串毫无联系的散落的珠子。富莱腾[①]和蒙塔格[②]两位

---

[①] 富莱腾（George Stuart Fullerton，1859—1925），美国哲学家，著有《自由和"自由意志"》以及《"自由意志"与善有善报》。

[②] 蒙塔格（John McTaggart Ellis McTaggart，1866—1925），苏格兰哲学家，著有《宗教的教义》。

先生最近就是坚决以这种方法进行论证的。

这种论证也许好在富有感情色彩,但从另一方面看就是很可怜的。且不提其他理由,我要问问你们,任何一个有现实感的人、男人、女人或儿童,难道不应当羞于为这样一个或是尊严或是受罚的原则辩护吗?我们可以相信他们之间的本能和效用来有效地处理社会的奖惩问题。如果一个人做了好事,我们就赞扬他,如果他做了坏事,我们就要惩罚他——无论如何,也完全与那样一种理论没有关系,这种理论就是关于人的行为是由原先的内在原因产生的还是严格意义上新的东西产生的理论。如果使人类的伦理道德围绕着论功行赏问题上兜圈子,这是一种可怜的非现实的看法——如果我们有什么功绩的话,只有上帝才知道。设想自由意志的真正基础的确是实用主义的,但它与过去讨论得很热闹的无聊的惩罚权问题没有关系。

实用主义意义上的自由意志意味着**世界上的新颖的东西**,无论在世界的最深刻的成分中还是在它的表面现象中,人们都有权期望将来不会完全相同地重复和模仿过去。但是,谁能否认,**总的来说**,是存在着模仿的呢?每一个很小的规律都是以普遍的"自然界的一致性"为前提的。但是,自然界的一致性可能只是近似的;那些对过去世界的知识产生悲观主义的人(或者怀疑世界是否有好的性格,如果这种性格假定是永远固定的,那么它就成了确实无疑的了),自然会把自由意志作为**世界改善论**来加以欢迎。这种改善论至少认为改善是可能的;而决定论则要我们相信整个可能性概念都是人类的无知所产生的,而必然性和不可能性则支配着世界的命运。

## 第三讲 对几个形而上学问题的实用主义的思考

因此,自由意志正如绝对、上帝、精神或合目的性设计一样,是一种**有希望的**一般的宇宙学说。抽象地说,这些名词任何一个都没有什么内在的内容,都没有给我们提供任何图景,而且,假定一个世界一开始就明显具有完满性质,那么这些名词任何一个都不会保留任何一点实用主义的价值。如果世界已经是一个完满的乐土,那么,在我看来,光是生存的兴奋,纯粹宇宙的情感和乐趣,就可以使我们消除对所有那些玄思冥想的兴趣。我们对宗教的形而上学的兴趣是由于我们感到经验上的未来是不安全的,需要有某种更高的保证。如果过去和现在纯然都是善的,谁会希望将来可能与它们不一样呢?谁会需要自由意志呢?谁不愿意像赫胥黎那样说呢?他说,"如果也能像钟表那样每天上足发条,注定正确地向前走,那我宁愿不要自由了。"在一个已经很完满的世界里,自由只能意味着**变得更坏**的自由,谁会这样愚蠢地希望有这种自由?如果认为世界必然会照旧进行下去,而不可能是任何别的样子,那就是对乐观主义的宇宙做了最后的完善工作。毫无疑问,一个人可能合理地提出的唯一的**可能性**就是希望事物变得**更好些**的可能性。这种可能性,就实际世界的状况来看,我几乎用不着说,我们有充分的理由迫切需要它。

因此,自由意志除非是一种**安抚人心**的理论,否则就没有什么意义。正因为如此,和其他宗教理论一样,它也有它的地位。它们都要重建旧的废墟,修补往昔的荒凉之地。我们的精神关闭在这种感觉经验的院落里,总是对瞭望塔上的理智说:"守夜者啊,请告诉我们这黑夜是否有什么有希望的东西。"于是,理智就把这些有希望的词语告诉了精神①。

除了这种实际的意义以外,上帝、自由意志、合目的性设计等这样一些名词没有任何别的意义。这些词本身虽然模糊晦暗,或者会被人们作理智主义的解释,但是,当我们把它们放到生活的丛林之中时,模糊晦暗就在**那里**变成了照耀着我们的光辉。如果你在研究这些词时,只停留在它们的定义,以为那就是知识的终极,那么你会处于什么状况呢?你好像在呆呆地望着一件华而不实的伪劣品!"上帝是存在的、是自在的,是在一切种类事物之外和之上的、是必然的、唯一的、无限完满的、纯洁的、不变的、伟大的、永恒的,是思想的原则,"等等——这样一个定义有什么真正的教益呢?在华丽辞藻的外衣下,其实并无任何意义。只有实用主义才能解释其中的积极意义,因此,实用主义是完全不顾理智主义观点的。"上帝在天上,世上一切很好。"——**这就是**你们神学的真正思想,我们无需用理性主义的定义来说明它。

我们大家,无论是理性主义者还是实用主义者,为什么不能都承认这一点呢?实用主义并不像有的人责备的那样,把目光只放在眼前直接实用的地方,而是同样关注世界最遥远的前景。

那么让我们来看一看所有这些终极问题是怎样取决于它们的重点所在的吧,看一看对那些原则,对**认识论上的自我**(erkenntnisstheoretische Ich)、上帝、**因果原则**(Kausalitätsprinzip)、合目的设计、自由意志这些本身被看成是在事实之上的庄严崇高的东

---

① 詹姆士所引的"守夜者,请告诉我们这黑夜"的诗句出自保林(John Bowring,1792—1872)写的诗。

西，实用主义是如何把着重点从向后看转移到向前看事实本身的。对于我们大家来说，真正重要的问题是，这个世界将会变成什么样的？生命本身最终会成为什么样子？因此，哲学的重心必须改变位置。世间的事情长久以来都被崇高的上苍抛到阴暗中去了，必须恢复它的权利。这样转移重点意味着哲学问题要由迄今抽象主义思想最少的人来处理，这些人有更多科学的和个性主义的风格，但并不是没有宗教精神的。这是"权威地位"的改变，这种改变使人们想起几乎同新教的改革相类似。从罗马教廷的思想看来，新教似乎只是一团错误和混乱，毫无疑问，在哲学中的极端理性主义者看来实用主义也是这样。它似乎在哲学上完全是一堆废料。但在新教国家里，生活照样进行，并且达到它的目的。我大胆地认为，哲学上的新教也会达到类似的繁荣。

# 第四讲　一与多

在上一讲中,我们知道,实用主义方法对待某些概念不是以赞赏性的玄思为最后的结果,而是把它们投入经验之流中,用它们作为手段来扩展我们的视野。合目的性、自由意志、绝对心灵、精神而非物质,它们唯一的意义就是对这个世界的结果有一个更好的希望。不管它们是真还是假,它们的意义就是这种改善论。有时我想起一种在光学里叫做全反射的现象,可以作为实用主义所设想的抽象的观念和具体实在之间关系的一个很好的信号。在一个大玻璃杯里面盛水,放在比眼睛略高一点的地方,通过水去看水面——或者更好是通过玻璃杯的壁去看水面;你会在容器的另一面看到一个特别明亮的反射影像,比如说蜡烛的火焰或者别的清楚的东西的反射影像。在这种情况下,没有光线越出水面:每一道光线都全部反射回来,又进入水的深处。现在让水代表可感觉事实的世界,让水上的空气代表抽象观念的世界。当然,这两个世界都是实在的,又是相互作用的,但是它们只在交界处发生相互作用,就我们所充分经验到的来说,一切真正在**原地**的并且是我们所碰到的东西就是水。我们就像鱼一样在感觉的大海中游来游去,上面有高级元素为我们的活动设定了界限,但是我们不可能呼吸到纯粹的高级元素也不可能穿透它。然而,我们可以从这些元素

## 第四讲 一与多

中获得氧气，不断地与它有所接触，有时接触这一部分，有时接触那一部分，我们每次与之接触以后，便转身深入水中，我们的活动进程便重新被决定，重新获得能量。在这里空气所代表的抽象观念是生活不可缺少的，但抽象观念本身是不能用来进行呼吸的，只对我们的活动起指导作用。一切比喻都是不完全的，不过我倒是喜欢这个比喻。它表明有些东西本身并不足以决定生命，然而在别的地方可能对生命起有效的决定作用。

在这一次讲演中我想通过再一次的运用，来说明实用主义的方法。我想用实用主义方法来阐明"一与多"这个古老的问题。我估计你们中很少有人会为这个问题而彻夜难眠的，如果你们中有人告诉我，你们从来没有在这个问题上伤过脑筋，那我也不会感到奇怪。但我自己在心里对这个问题却思虑很久了，觉得这一问题是所有哲学问题中最为核心的问题，之所以说它是最为核心的问题，是因为它的意义深广。我这样说的意思是，如果你知道某个人是一个明确无疑的一元论者，或者是一个明确无疑的多元论者，那么你对他的见解所知道的，可能要比你用其他"**主义者**"称呼他所知道的要多一些。相信一还是相信多，这样一种归类是具有最多重大结果的归类。所以，在这一讲里，我试图用我自己对这一问题的兴趣来启发你们，请你们且听我慢慢讲来。

哲学常常被人们定义为对世界统一性的追求和洞察。这个定义就其通用性来说，很少有人提出挑战，因为哲学对统一性的关心的确表现出超过对一切事物的兴趣。但对事物的**多样性**又怎样看待呢？难道它就是这样一个无关紧要的问题吗？如果不用哲学这个词，而是一般地谈论我们的理智及其需要，那么我们很快就会看到,统一性只不过是理智的需要之一罢了。了解各种具体事实并把它们归结为系统,向来被当作伟大智慧的不可缺少的标志。一个百科全书式的、语言学类型的"博学"者,一个本质上是**学识丰富**的学者,从来都是和哲学家一样受到赞扬的。我们的理智实际追求的,既不是单纯的多样性,也不是单纯的统一性,而是**总体性**\*。在这个总体性中,熟悉实在的多样性和理解它们之间的联系是同样重要的。好奇心和系统化的追求是**同等重要、同时存在的**(pari passu)。

虽然这是一个明显的事实,但事物的统一性总是被认为似乎比多样性更加**辉煌**。当一个年轻人第一次想出一种见解,认为整个世界和它的各个部分仿佛一致行动互相结合,形成一个伟大的事实的时候,他觉得似乎有了一种了不起的伟大创见,就狂妄自大,瞧不起所有还没有这种卓越见解的人。当一个人第一次这样抽象地思考问题时,一元论的见解显得如此的模糊不清,似乎不值得在理智上去维护它。然而,在这里听讲的每一个人或许都以某种方式喜爱这种一元论。某种抽象的一元论,对统一性的性质某种热情反应,似乎成了这个世界不能与多协调并存的特征,而且这种见解似乎杰出得多、卓越得多,在有教养的人群中非常流行,以致我们几乎可以把它称之为一种哲学常识。我们说,这个世界**当然**是一。否则,它怎么还能是一个世界呢?通常经验主义者也和理性主义者一样是坚决的这样一种抽象的一元论者。

---

\* 参见 A. 贝伦格尔(A. Bellanger):《原因概念及精神的有意识活动》(Les concepts de Cause),巴黎,阿尔坎,1905 年版,79 页起。[译按:在这部著作中另外一个不认识的贝伦格尔反驳康德,认为整体而不是统一性才是实在的最高范畴。]

所不同的就是经验主义者并不怎么炫耀这种见解。统一性并没有使他们无视其他一切事物，并没有消除他们对各种特殊事实的好奇心，但是有一种理性主义者却偏要神秘地解释抽象的统一性，忘掉了其他一切事物，而且把它当作一个原则来看待，对它加以赞颂、崇拜，因而造成了理智上严重的停滞。

"世界是一！"——这种公式可能变成一种数字崇拜。的确，"三"与"七"都曾经被当作神圣的数字；但是，抽象地说，为什么"一"就比"四十三"或"二百万零七"更加优越呢？在对世界统一性的最初的模糊信念中，我们几乎抓不住什么东西，因而很难知道它是什么意思。

使我们的观念得以前进的唯一办法就是用实用主义的方法来对待它。假定这个"一"是存在的，那么在后果上会有什么样的不同事实呢？这统一性应当怎样认识呢？这世界是一——是的，但**怎样**是"一"的呢？这个"一"究竟**对**我们来说有什么价值呢？

问及这些问题，我们就会从模糊变为明确，从抽象变为具体。我们会看到，用来表示宇宙属性的"一"会以许多不同的方式造成差异，下面我想指出一些比较明显的方法来逐一加以说明。

1. 首先，世界至少是**一个论述的主题**。如果世界的"多"是如此的不可改变以至于不容许它的各个部分有任何联合，甚至我们的心灵也不能同时"意指"这个世界的整体，就像眼睛不能同时朝相反方向去看东西一样。但实际上我们用抽象名词"世界"时，我们的意思是包括世界的整体，显然是要使任何部分都不会被漏掉。这种论述上的统一性显然不会带有进一步的一元论的具体含义。人们一度用来称呼宇宙的"混沌"这个词在论述上就和"宇宙"这个词一样具有统一性的意义。奇怪的是许多一元论者在听到多元论者说"宇宙是多"时,竟然以为是他们的一元论在这方面获得了重大胜利。他们暗自发笑说,"他这样说的'宇宙'就无意中露了馅。从他自己的口中主张承认一元论了。"那好吧,我就把事物当作这样的"一"吧！你可以试着把宇宙这样一个词用在这些事物的整个结合上,但这有什么关系呢？事物是不是就在更进一步或更有价值的意义上是"一"呢,这还有待于弄清。

134　　2. 例如,事物是**连续不断**的吗？你能从一个事物转移到另一事物而始终保持在你的这个统一的宇宙之中而不会有任何与之脱离的危险吗？换言之,我们的宇宙的各部分真的能够**联在一起**而不是像一颗颗散开的沙粒吗？

　　即使是沙粒也是通过存放它们的空间联在一起的,如果你能够以某种方式通过这种空间,你就可以连续地从第一颗沙粒走到第二颗沙粒上。因此,空间和时间是把世界的各个部分联在一起的连续性媒介。这些联合的形式对我们所产生的实际差别极大。我们的全部运动生命就是以这些不同形式的联合为基础的。

　　3. 事物之间的实际的连续还有无数其他途径。我们可以找出许多把事物联系在一起的**影响**线路来。循着这些线路,你可以从一个事物转移到另一事物,直到你走遍了相当大的宇宙范围。就物质世界来说,重力和热传导就是这样的全联系的影响线路。

135　电的、光的和化学的作用都遵循类似的影响线路。但是不传导的和惰性的物体会使这里的连续性被阻断,因而,这一天如果你要前进到更远的地方,你就得绕过它们或者改变你的进展方式。这样一来,如果就你的宇宙统一性是由**那些最初的影响线路构成**的来

## 第四讲 一与多

说,你在实际上就失去了这种宇宙统一性了。

具体事物与其他事物之间有无数种类的联系。这些联系的任何一种的**总体**形成一种使事物结合起来的**系统**。因此,人就是在一个**彼此相识**的巨大网络中结合起来的。比如,布朗认识琼斯,琼斯认识鲁滨逊,如此等等;只要你**正确地选择了更远些的中介人**,你就可以把消息从琼斯那里传给中国的皇太后或非洲俾格米人的首领,或者传到有人居住的世界上任何一个人。但是如果你在这个试验里选错了一个人,那你就像遇到一个不传导的绝缘体一样,你的传递就会中断。被称之为爱的**系统**也可以接在这个相识的**系统**上,如甲爱(或恨)乙,乙爱(或恨)丙,如此等等。但是这些爱的系统要比它们所依据的大的相识系统要小一些。

人类的努力正以一定的系统方式逐步把世界统一起来。我们可以看到有殖民系统、邮政、侨务、商务等系统,它们的所有部分都依从系统内传播的一定的影响,但这种影响不涉及系统外的事实。结果就是,在世界上较大的联系在一起的系统中有无数较小的联系在一起的部分;在更广的宇宙之内,有无数小的世界,不仅是论述上的而且有运行上的系统。每个系统都表现某种形式或某种等级的联合,它的各部分都贯穿着那种特殊的关系,而且同一部分可能出现在许多不同的系统中,就像一个人可能担任各种不同的职务或者属于几个不同的社团。因此,从这种"系统的"观点看,世界统一性的实用价值就是,所有这些确定的联系之网都现实地和实际地存在着。有的包容较多、范围较广,有的包容较少、范围较小;它们相互交错重叠;而在它们之间绝不会遗漏掉宇宙的任何单体的基本部分。虽然在各种事物之间有很大部分是不相联系的(因为这些系统的影响和结合都严格地遵循着独特的路径),但只要你能够正确地找到这种方法,那么每个存在着的事物都以**某种方式**受到其他事物的影响。大概地说,一切事物一般都以**某种方式**互相依附、互相联结,宇宙实际上是以网状的和链状的形式存在而成为一种连续的和整体性的东西。只要你随着它从一个事物转移到下一个事物,任何种类的互相影响都有助于使世界成为"一"。因而,你可以说,"世界是'一'",也就是说,就事物转移的影响所能达到的这些方面来说,世界是"一"。但是如果事物之间没有达到转移的影响,事物之间的联系不存在,那就只有明确地说世界**不是**"**一**"。因而,如果你不选用传导体而选用非传导的绝缘体,那就没有一种联系不遭到失败。那样一来,你刚迈出第一步就停下来,而从这种特殊的观点来看,就只好说这世界是纯粹的"**多**"。如果我们的理智对离散的关系像对结合的关系一样感兴趣,那么哲学也会同样地庆祝世界的**不统一**了。

应该注意的重要一点是,在这里,"一"和"多"是绝对同等地位的。无论哪一个都不是比另一个更基本的或者比另一个更本质、更优越。正像空间,它把事物分开同样也把事物结合起来,但是,有时是这个功能,有时是那个功能使我们更深切地感到重要,同样,在我们一般地对待世界的影响时,有时需要传导体,有时需要非传导体;我们的智慧就在于在适当的时刻把二者分清。

4. 所有这些影响系统或非影响系统,都可以归于世界的**因果统一性**这个一般问题之下。如果事物之间的各种较小的因果影响汇聚到一个过去的共同因果性起源,即一切事物的大的第一原因,那么我们就可以说到世界的绝对的因果统一性了。上帝在创世日的**命令**被传统哲学说成是这样一种绝对原因和起源。先验的唯心主义把"创造"换成"思"(或"欲思"),把神的法令说成是"永恒的"而不是"最初的";但"多"的联合在这里还是绝对的,——除非有一,否则不会有多。与这种关于一切事物起源的统一性概念相对立的总是有那种多元主义的概念,认为有一种永恒的以原子形式或者甚至以某种精神单元的形式自行存在的多。这后一种见解无疑有实用主义的意义,但就我们的这些讲演来说,我们最好且把这个起源的统一性问题放一下吧。

5. 就实用主义来说,事物之间所达到的最重要的一种联合就是事物的**种属的统一性**:事物都是以种类存在的,在每一类中都有许多样本,这个"类"对一种样本包含的意义,也对这一类中每一个别的样本包含同样的意义。我们可以很容易设想世界上的每一事实都可能是单独的,就是说,与任何其他事实不同而独具的一类。在这样一个单独事物构成的世界里,我们的逻辑就没有什么用处了。因为逻辑的作用在于,断定单独实例具有适合于同类的所有实例的意义。如果世界上没有两件事物是相同的,我们就不可能从我们过去的经验推论未来的经验。因此,事物中有这么多种属统一性的存在,也许就是对"世界是一"可能具有的意义最重要的实用主义的说明。如果有一个**总类**,能够使一切事物最终无一例外地都囊括其中,那么就达到了**绝对**的种属统一。"存在"、"可能的事物"、"经验"这些词就可以用来放在这个总类的位置上。至于这些词所表达的别的可能的含义是否都有实用主义的意义,这是另外一个问题,我们且不讨论。

6. "世界是一"这句话的另一种具体意义可能指的是"**目的的**

统一性"。世界上有大量的事物都有助于一种共同的目的。而所有人工系统、管理的、工业的、军事的以及其他系统，都因本身的受控目的而存在。每个生物都追求它本身的特定目的。它们按照发展的程度互相配合以达到集体的或种族的目的，这样，较大的目的包含较小的目的，直到可以设想能够达到毫无例外地为一切事物所服从的一个绝对唯一的最终的关键性的目的。不用说，表面现象与这种观点是不一致的。我在第三讲中曾说过，**也许**任何结果都是按照目的预先安排好的。但是，事实上我们实际知道的这个世界中的任何结果没有一个是在一切细节上都预先按目的安排好的。每个人或各个民族开始都有要致富或要变得杰出或要为善的模糊的观念。他们每前进一步都会见到未曾预料的偶然机遇，与他们的旧有景象完全不同，因而对一般目的的具体说明必须一天一天地有所变化。最后所达到的结果可能比原来设想的要好一些或坏一些，但总是更复杂、有更多的不同。

我们的各种不同的目的也会发生相互冲突。在一个目的不能排挤另一个目的时，它们便互相妥协，其结果还是不同于事先明确设想的任何一个目的。大概说来，许多有按预定目的要求的东西也许能够达到，但是一切事物都强烈地显示出，我们的世界在目的性上并没有完全统一，而且还在力图把统一安排得更好些。

任何主张**绝对**目的论统一的人，如果说这个世界的每一细节都服从于唯一的目的，那他就要冒着独断论的风险。随着我们对世界各部分利益的互相冲突认识得越来越具体，坚持独断论的神学家们便觉得越来越不可能设想这个唯一的关键性的目的是什么样子。我们的确看到，有某些恶会有助于更远将来的善，苦的味道会使鸡尾酒变得更好,一点危险和艰苦会使我们更乐于努力奋斗。我们可以大体上把这些概括成这样一个观点,即宇宙中所有的恶只是有助于实现宇宙的更大完满的工具。但是,实际上我们所见到的恶都远远超出了人们所能忍受的程度;而像布拉德雷或罗伊斯这样的哲学家著作中所说的先验唯心主义并没有超出圣经中《约伯记》所说的——上帝的做法并不是我们凡人的做法,所以要我们少说为妙。一个上帝如果能从这么多的恐怖中取乐,那就不是人类所祈求的上帝。这样的上帝血气太盛。换言之,只有一个目的的绝对并不是普通人心目中的具有人情味的上帝。

7. 事物中还能获得**审美的统一性**,而且与目的的统一性非常相似。各种事物就像在讲故事。它们的各个部分联结在一起,逐渐达到高潮。它们明显地相互关联。回溯地看,我们可以看到,虽然没有一个确定的目的支配着一连串的事件,但是这些事件都像戏剧一样,有开场,有中间场景,有结局。事实上,一切故事都有结束;在这里,人们还是会更自然地采取一种"世界为多"的观点。世界充满了互相并行的各种局部性故事,偶然地开始和结束。它们互相交错,在一些地方又互相冲突,但是我们在心里却不能把它们完全统一起来。在关注你的生活史时,我就必须暂时把注意力从我自己的生活史上移开。即使写一对双胞胎成长过程的传记作者,也必须使他的读者把注意力交替地来了解他们各自的经历。

因此,谁要是说整个世界就是讲的一个故事,那他说的不过是另外一个需要自担风险的一元论的信条。人们很容易用多元论的眼光把世界看成像一根绳子,其中每一根纤维都讲出一个单独的故事;然而,若要把这根绳子的每一个横断面都想象为一个绝对单独的事实,并且把整个纵向的系列综合为一个不可分割的鲜活的生命,那就很难了。的确,我们可以用一个胚胎学的比喻来帮助我们。显微镜工作者可以做某一个胚胎的成百个横断面切片,而在心里把它们联成一个统一完整的立体胚胎。但是这个伟大世界的各种成分,因为它们都是存在物,就像一条绳子上的纤维,横向来看是不连续的,只是在纵向上是联结在一起的。沿着这个方向来看,它们是"多"。即使一个胚胎学家,当他研究胚胎的**发育**时,也必须一个一个地对待每个单独器官的历史。因此,**绝对的**审美的统一只是又一个纯粹抽象的理想。世界与其说是像戏剧,不如说它像史诗。

讲到这里,我们便可看出,世界是怎样由多个系统、多个种类、多种目的和多出戏剧结合起来的统一体。在这一切方式中,联合确实要比公开表现出来的多。认为世界**可能**只有一个最高的目的、系统、类和故事,这种看法可能是一个合理的假设。在这里我要说的是,当我们没有比目前拥有的更多的证据时就武断地确认这个假设,那是轻率的。

8. 一百年来,一元论的大的概念工具(*denkmittel*)总是关于**唯一知者**的观念。"多"只是作为这个知者思想的对象而存在的——仿佛存在于他的梦想之中;**如他所知道的那样**,这些对象有一个目的,形成一个系统,对他讲述一个故事,这种**无所不包的**事物的**理智统一性**观念是理智主义哲学的最高成就。那些相信绝对(被称之为无所不知者)的人往往总是说他们之所以相信绝对,是出于思想清楚的人不可回避的必需遵从的理由。绝对具有深远的实际后果,其中一些我在第二讲里已经注意到了。如果绝对是

## 第四讲 一与多

真的,肯定会产生多种对我们有重大意义的区别。我不可能在这里讨论这样一个存在者的存的一切逻辑证明,只能说在我看来这些证明没有一个是靠得住的。因此,我必须把这种无所不知的观念当作只是在逻辑上与那种多元主义的观念完全一样的假设,在这种多元主义观念看来,从任何一个观点,任何一个现存的信息中心都不可能一下子看见宇宙的全部内容。罗伊斯教授说\*,"上帝的良心以其唯一的整体形成了光辉明朗的意识的时刻。"——这就是理性主义所坚持的一种类型的理智统一性。但是经验主义则满足于人们所熟悉的**那种**类型的理智统一性。每一事物都会同某种其他事物一起被**某个**知者所知;这些知者最终可能不可避免地多起来,其中最伟大的知者也不可能知道一切事物的全部,甚至也不可能一下子就知道他现在所知道的东西——因为他很容易忘记。不论会达到哪一种类型的理智统一性,世界仍然是一个用理智去认识的宇宙。它的各部分要通过知识联系起来,但是在一种情况下,知识是统一的,在另一种情况下,知识则是互相连贯、互相重叠的。

关于瞬间或永恒的认知者的观念——这两个形容词无论哪一个,在这里都意味着相同的东西——我曾说过,它们都是我们时代伟大的理智主义的成就。它实际上排除了早先哲学家们非常重视并且用来做了很多统一工作的实体概念——唯一自在的和自为的普遍实体,全部经验中的特殊事物都只是实体所支持的形式。实体概念已经由于英国学派的实用主义批评而衰败了。现在它只是

---

\* 《上帝的概念》(*The Conception of God*),纽约,1897年版,第292页。

作为表示下面这种事实的另一个名称而已,这个事实就是,现象出现的时候,实际上是以种群的或以结合的形式出现的,我们这些有限的知者体验到的、想到的这些形式就是它们一起出现的形式。这些结合的形式同它们所联结的各项事物同样都是经验结合体的组成部分;现代的唯心主义以这些直接可以表现出来的方式把世界结合在一起,而不是以各种场面背后的不可思议的原则从世界各个部分的"内在性"——不论它可能有什么意思——中抽出世界的统一性,这是一个颇有实用主义意义的成就。

因此,"世界是一",只是就我们经验到世界是一系列互相联系的事物来说是这样的,世界是由多种确定的结合所表现出来的"一"。但是,同样由于我们发现世界的多种确定的**分离**的情况,因而也说世界**不是**"一"。这样一来,世界是一的唯一性和世界是多的多样性可以随不同情况分别命名。它既不是纯粹的简单的统一宇宙,也不是纯粹简单的多元宇宙。有各种各样的方式表明世界是一,这就提示我们,要对它们加以精确的认定,需要有许许多多的科学研究的不同项目。因此,"什么是我们所知道的'一'?它会造成什么样的实际上的差别?"这样一个实用主义的问题,可以使我们能避免把它当作一个崇高的原则而产生的一切狂热的激动,使我们能够以冷静的头脑投身于经验之流中。的确,这种经验之流展示出的联合与统一远远多于我们现在所推测到的,但是根据实用主义原则,我们也不应当在任何方面预先要求绝对的"一"。

我们的确很难明确地说出绝对的"一"是什么意思,也许你们中大多数人会对我们所达到的清醒的态度感到满意。然而你们中可能也有一些激进的一元论者,不愿意把一与多同等看待。各种不同等级的联合、不同类型的联合,在非导体上受阻的联合,只是一个接一个的事物的联合,在许多情况下只是指在外部一个挨一个的而不是内在的联合,简言之,就是一连串东西连续相接的联合,在你们看来所有这些东西都是中途阶段的思想。你们以为,事物的"一"高于事物的多,因而一定有更深刻的真理,一定表示世界更实在的方面。你们一定认为,实用主义观点为我们展现的宇宙并不完全合理。实在的宇宙一定会形成一个无条件的存在统一体,各个部分互相错综交织的某种巩固的统一体。只有这样,我们才能认为我们的世界状况是完全合理的。

毫无疑问,这种极端一元论的思想方式对于许多人来说包含着很大意义。"一个'生命',一个'真理',一个'爱',一个'原则',一个'善',一个'上帝'"——我从今天邮局送来的基督教科学箴言报上引用的话——这种对信仰的声明从实用主义观点来看肯定有一种情感上的价值;而且肯定无疑的是,"一"这个词也提供和其他词一样的价值。但是,如果我们想要**从理智上**认识这一大串的"一"究竟可能有什么**意思**,那么我们就必须再直接求助于实用主义的决定方法。这个词可以只是指"一"这个名称,即论域;或者指一切可以确定的特殊联结或联合的全体总和;最后,它可能指一个一切联合的包容者,如一个起源,一个目的,或一个知者。事实上,从现今那些用理智主义观点对待它的人来看,它总是指一个**知者**。他们认为,这样一个知者就包含其他结合形式。他的世界必须使所有它的各个部分互相牵连交错在一个逻辑的——审美的——目的论的——统一图像里,作为他的永久的梦想。

但是,这个绝对知者的图像的性质对我们来说完全不可能清楚地表现出来,因此我们完全可以设想,绝对一元论毫无疑问对某些人具有权威甚至永久具有权威,这种权威的力量与其说来自理智的原因不如说来自神秘的原因。能够很好地解释绝对一元论的,一定是一个神秘主义者。各种程度的神秘心灵状态在历史上常常(但并不总是)会产生一元论的观点。今天不是讨论神秘主义一般主题的确当时机,但是,我要引一段神秘主义宣告的言论来表明我的意思。所有一元论体系的典范是印度的吠檀多哲学,而吠檀多哲学传播者的典范则是在几年前曾访问过我国的已故的斯瓦密·维韦卡南达①。吠檀多主义的方法是神秘主义的方法。你并不要进行推论,而只要通过一定的修炼你**就会有所见**,而有所见,你就能道出真理。维韦卡南达在这里作过的一次讲演中,就这样道出真理:"一个人若领悟了宇宙中的这个'一',生命中的这个'一',万物中的这个'一',他哪里还会有什么痛苦呢……人与人,男人与女人,成人与儿童之间的这种分离,国与国,地球与月亮,月亮与太阳之间的这种分离,原子与原子之间的这种分离,实际上就是一切痛苦的原因,而吠檀多哲学说,这种分离并不存在,它并不是真实的存在,而只是表面的现象。在事物的内在本质中仍然是统一的。如果你深入事物内部,你就会发现人与人,女人和儿童,种族与种族,高与低,贫与富,神与人之间的统一性:万物为一,如果你能了解得足够地深入,就会知道,动物也是如此。一个人达到了这个境地,再也没有迷误了。对他来说,哪里会有什么迷误呢?

---

① 维韦卡南达(Swami Vivekananda,1863—1902),印度的一位宗教领袖,他的题为"吠檀多哲学"(Vedanta Philosophy)的演讲最初发表于哈佛大学研究生哲学学会。

## 第四讲 一与多

还有什么能迷惑得了他呢？他了解万物的实在，万物的秘密。他还有什么痛苦呢？还有什么欲求呢？他探索万物的实在直到那个中心，直到一切事物的统一，那就是永恒的极乐，永恒的知和永恒的存在直到圣主那里，既没有死亡，也没有疾病、忧愁痛苦和不满……在这个中心，这个实在，没有一个人需要为之哀悼，也没有人需要怜惜。他已经彻悟一切，这个无形、无体、无迹的纯粹的'一'，他是知者，他是伟大的诗人，他是自在者，他就是那个使每个人各得其所的人。"

在这里，我们可以看到，一元论的性质是多么彻底。"一"不仅克服了分离，而且否定了分离的存在。这里没有多。我们不是"一"的组成部分；"一"没有部分；既然在某种意义上我们都不可否认地**存在**，那么我们每个人就必定都是"一"，不可分的和整体性的"一"。**一个绝对的"一"，而我就是**那个"一"——诚然，这里是一个宗教，从情感上看，它有一种很高的实用价值；它提供了一种完全安全的保障。正如斯瓦密·维韦卡南达在另一处说道：

"当一个人知道他自己和宇宙的无限存在原本为'一'时，一切分离、隔阂都不存在时，当一切男女、一切天使、一切神、一切动物植物，整个宇宙都融为一体时，那时一切恐惧都统统消失了。还有谁是可怕的呢？难道我会害我自己吗？我会杀我自己吗？我会伤我自己吗？难道你会害怕你自己吗？这时，一切悲伤、懊悔统统消失了。什么会使你悲伤呢？我是宇宙的一体存在。这时一切嫉妒都统统消失了，还有谁会受嫉妒呢？我嫉妒我自己吗？此时，一切恶感都消失了，我会厌恶谁呢？厌恶我自己吗？宇宙中除了我以外什么也没有……除掉这种差别，除掉存在着'多'的迷信。他就是在这个'多'的世界里看到'一'的人;他就是在这个无情众生中看到唯一的有情存在的人;他就是在这个阴暗世界中**抓住**实在的人,永久的和平属于他,绝不属于别人,绝不属于别人。"

我们大家都在注意倾听这种一元论的乐曲;它既振奋人心,又使人心安定。在我们所有的人心里至少都有神秘主义的萌芽。当我们的唯心主义者摆出论据来为绝对辩护时,说无论在哪里只要有一点承认结合,就必然一起承认了绝对的"一",只要有一点承认分离,就必然地一起承认了不可避免的、完全的分离,我不禁要猜想,他们在理智推论上的明显的弱点是否由于有一种神秘的感觉——认为绝对的"一"不管是合乎逻辑还是不合逻辑,无论如何必须是真的——才使他们免于自己批判自己。"一"无论如何总能克服**道义**上的分离。在爱的激情中,就会产生一种神秘的萌芽,它可能意味着一切有感觉的生命的总体联合,在我们听到一元论者的议论并承认他们的权威,把理智的思考放到次要地位时,这种神秘的萌芽便在我们心中活跃起来。

在这一讲里,我不打算对这个问题的宗教和道义方面再作更多的论述了。在最后一讲,还有更多的东西要说到。

现在我们且不去考虑最终可以猜想的神秘洞察力具有的权威,而是用纯粹理智的方法来对待一与多的问题,这样我们就可以非常清楚地看出实用主义的立场是什么。用实用主义关于不同理论会造成什么样的实际差别的标准,我们可以看到,实用主义一定会同样放弃绝对一元论和绝对多元论。就世界的各部分由某种确定的联系结合在一起来说,世界是一,而任何确定的联系都没有达到把世界的各部分结合在一起,就此来说,世界是多。最后,随着

## 第四讲 一与多

时间的推移，至少是通过人类的精力而形成的那些联系系统使得世界能够越来越好地统一起来。

我们可以设想，除了我们所知道的宇宙以外，还有其他各种宇宙，在这些宇宙中有极为繁多的不同等级和类型的结合。因此，最低层次的宇宙就可能是一个只有单纯**并存**的宇宙，它的各部分只是通过连接词"和"字把它们串在一起。这样一种宇宙甚至在今天也是我们的几种内部生活的集合体。你们可以想象的各种空间和各种时间，你们幻想中的对象和事件，不仅它们本身相互之间（*inter se*）或多或少是不够融洽的，而且与其他任何一个人心中类似的内容也全然没有确定关系。当我们坐在这里时心中产生的各种幻想只是茫然地互相交错，但无任何影响，也没有任何关涉。它们只是共存，但没有秩序，也没有任何依托，最接近于我们可能想象的一种绝对的"多"。我们甚至无法想象有什么理由能说明它们为什么应当被看作一起的；即使被看作是一起的，但我们更无法想象，它们怎么可能被看作是一个系统的整体。

然而，加上我们的感觉和我们的身体行为，这种结合就会升到更高的层次。我们的**听觉**和**视觉**（*audita et visa*）与我们的行动都发生在时间和空间的容器里，每一事件都在其中有其时间和地点。它们形成"事物"，也有不同的种属，可以分成不同类别。但是我们可以想象一个事物和种类的世界，其中不存在我们非常熟的因果相互作用。在那里，每件事物对任何其他事物都不发生作用的，而且也不能传递它的影响。或者只有粗笨的机械性影响可能传递，但不能传递化学作用。这样的世界远不像我们的世界那样的统一。此外，也可能有一些世界，其中有完全的物理—化学的相互作用，但没有精神；或者虽有精神，但完全是个体私人的精神，没有社会的生活；或者社会生活只限于相互认识，而没有爱；或者虽有爱，但没有习俗和制度使之系统化。所有这些不同层次的宇宙，从更高的层次的宇宙来看，虽然显得低了一等，但没有一个是绝对不合理或绝对分散的。例如，如果我们的心灵总是能够通过"心灵感应"相互联系，从而使我们每个人都能立即知道，或在某种条件下能够立即知道，别人在想着什么，那么，对于生活在那样一个世界里的思想者看来，我们现在生活的这个世界就成了更低层次的世界了。

既然过去的全部漫长世代都可以供我们推测整理，那么，如果我们设想，在我们现在居住的宇宙里所实现的各种结合也可能不是照我们今天见到的人类系统进化方式按人类的需要而逐渐进化的。这样设想也许是合理的。如果这种假设是合理的，那么整体性的"一"就表现在事物的结尾而不是表现在事物的开头。换言之，"绝对"的观念必须由"终极"的观念来代替。这两个观念就会有同样的内容——即最高统一的事实内容——但它们的时间关系正好是相反的[*]。

在我们以这种实用主义的方式讨论了宇宙的统一性问题以后，你们就应当知道为什么我在第二讲里要借用我的朋友巴比尼所说的话，力求使我们的所有理论变得**温和**。过去，世界的"一"一

---

[*] 参见席勒的著作《人本主义》(*Humanism*)中的"活动与实体"("Activity and Substance")一文中的"终极"概念，第 204 页。

## 第四讲 一与多

般地只是抽象地加以肯定,好像谁要是对它有疑问就一定是一个白痴。一元论者的气质非常暴烈,好像随时都会大发雷霆似的;以这样的方式坚持一种理论,很难进行合理的讨论和推断事物的差别。特别是绝对的理论,竟然必须要作为一种信条独断地和特别地加以肯定。这个"一"和"全",在存在和认识的次序上是首位的,本身在逻辑上是必要的,并且把所有更小的事物联合在一个相互需要的结合之中,这样的"一"和"全"怎么能够容许对它的内在的严格性有任何的减损呢?多元论的最微小的疑惑,对它的任何一个部分要摆脱总体性的控制而独立的倾向若有丝毫的松动,都会毁掉这个"一"和"全"。绝对的统一性不容丝毫的减损——就像对一杯水只要含有一个很小的霍乱病菌,你就不能说它是绝对纯净的。不论多小的一个部分有多么微小的独立性,对于绝对来说,都像一个霍乱病菌那样是致命性的危害。

另一方面,多元论则不需要这种独断的、严酷的气质。只有你承认事物中有**某种**分离,某种独立的颤动,在各部分之间某种自由的相互作用,某种实在的新奇或机遇,不管多么微小,那么多元论就会感到十分满足,并且容许你承认事物不论多大的联合。至于这种联合到底有多大,多元论者认为,这个问题只能通过经验的方法来解决。联合的程度也许极为巨大,但是,随着这种联合,如果还必须容许有未经克服的分离最细微的端倪,最初的苗头,或者是最少的残迹,那么便把绝对一元论破坏掉了。

关于事物之间联合或分离的问题,在最后的经验确定之前,实用主义显然是在多元论这一边的。实用主义承认,也许有一天,甚至整体的联合,一个知者,一个根源,一个在一切可以设想的方面都结合在一起的宇宙,会变成令人最可接受的假设。但同时,我们必须诚恳地接受相反的假设。认为世界远不是完全统一的,也许永远保持这种不完全统一的状态。这后一种假设就是多元论的观点。由于绝对一元论甚至禁止人们认真地考虑这种假设,一开始就给它加上非理性的恶名,所以实用主义显然必须反对绝对一元论,而追随多元论的更富于经验性的路径。

这就使我们留在常识世界之中,在这种世界里我们看到事物有一些部分是互相结合,有些部分又是互相分离的。那么,"事物"以及事物的"结合"——这些词按照实用主义的方法处理,是什么意思呢?在下一讲里,我要把实用主义的方法运用到作为常识来了解的哲学思考的阶段。

# 第五讲　实用主义与常识

在上一讲里,我们对宇宙的"一"不是按照通常的方式把它看作一个空洞的崇高原则,而是转到研究宇宙所包含的各种具体的联合上。我们发现,这些联合有许多是与各种同样真实的分离共同存在的。在这里,每种联合和每种分离都向我们提出这样的问题:能够被我们证实的达到了什么程度?因此,要做一个优秀的实用主义者,我们就必须面向经验,面向"事实"。

绝对的"一"仍然保留,但只是作为一个假设,而这个假设现在应归结为关于一个无所不晓的全知者的假设,这个全知者知道一切事物毫无例外地形成一个单一的系统的事实。但这个全知者仍然可以被设想为一个绝对或者一个终极者;与这个全知者假设相反,可能合理地提出下面这两种形式的反假设:即认为在过去已有最宽广的知识领域包含着某种不知的东西,或者在将来的知识领域中仍然有某种不知的东西。总有某些信息是没有被了解的。

这就是**理性的多元论**假设,这种假设在一元论者看来是非常荒谬的。在事实没有证明理性的多元论是错误的之前,我们必须像对待理性的一元论一样对理性的多元论予以尊重,正因为如此,我们觉得,我们的实用主义本来只是一种方法,它要求我们用一种友好的态度对待多元论的观点。世界上的某些部分**可能**和其他一些部分只是很松弛地用一个连接词"和"字联系起来的。它们甚至可以产生或消失而不会使其他部分发生内部的变化。这种把世界看作一种**加成**结构的多元论观点,是实用主义必须加以认真考虑的观点。但是这种观点会引导我们作更进一步的假设,认为现实世界并不像一元论者要我们相信的那样的"永远"完满的,而很可能"永远"都是不完善的,不论什么时候总是有所增益,或有所减损的。

总之,世界在一个方面是不完善的,而且是显著的不完善。对这个问题,我们竟然还在争论,这个事实本身就表明了现在**我们的知识**是不完善的,是可能有所增加的。就世界包含的知识这方面来说,世界的确在变化、在增长。对我们的知识怎样完善起来(当它真的完善起来时)的方式作一些概括的论述会很容易引导我们进入这一讲的主题,那就是"常识"。

首先,我们的知识是**一点点**地增长起来的。这种点可大可小,但知识绝不会整个地一起增长:有些旧的知识总是依然如故。假定你对实用主义的知识现在正在增长。后来,这种增长可能会包含对你以前认为是正确的意见进行很大的修改。但这种修改往往是逐渐进行的。举个最近在眼前的例子,就拿我的这些讲演来说吧。你们最初从这些讲演也许只得到少量新的信息,少数几个新定义、区别或观点。但是,在这些新的特殊的观念增加的同时,你的其余的知识仍然未动,你们只是逐步地把以前的意见与我试图灌输给你们的新的东西"并列地排在一起",只是对其总体稍加修改而已。

我猜想,你们现在听我的讲演时对我的能力抱有某些先入之见,这些看法会影响你们对我所讲的内容的接受程度,但是,如果我突然中断讲演,用嘹亮的男中音开始唱起"不到天亮不回家"的歌子来,这个新的事实不仅会增添到你的原有的知识上去,而且会使你们以不同的眼光看待我,还可能使你们改变对实用主义哲学的看法,一般说来,会使你们重新安排你们的许多观念。在这个过程中,你们的心会在旧的信念和由经验带来的新的事物之间变得紧张起来,有时感到十分吃力。

我们的思想就这样一点点地增长,就像点点滴滴的油珠,会扩展开来。但我们要尽可能地让它们扩展得少一些:我们要尽可能也使许多旧知识像许多旧的成见、旧的信念一样保持不变。我们更多的是做修补的工作,而不是全面更新。新的思想逐步渗入,它浸染了旧时的东西;但它也带有吸收旧东西的色彩。我们的过去起着以旧寓新的作用并与现在的新的东西相配合;在学习过程每一步前进结束所达到的新的平衡里,很少发生新的事实是"生的"硬加进去的情况,更通常的情况可以说是新的事实"煮熟了"被吸取的,或者是在旧事实的酱油里炖熟了的。

因此,新的真理是新的经验与旧的真理相结合、互相修改的结果。既然今天人们观念改变的情况就是这样,那么就没有理由假定它不是向来如此的。由此可见远古的思想方式可能经过了后来人们意见的全部变化而保留下来的。最原始的思想方法可能并没有完全消除掉。就像我们的五个手指、耳骨、阑尾或其他"残留"的特征,它们是我们种族历史中发生的不可磨灭的标记。我们的祖先可能在某些时候突然产生某些思想方法,可能是他们没有发现过的。但他们一旦这样想了,而且在有这样的想法以后就会继续传下去。当你以一种调子开始演奏一个乐曲时,你就必须按这个调子演奏到底。你可以任意地(*ad libitum*)改造你的房屋,但你不能改变第一个建筑师的基础图样——你可以大肆修改,但你不可能把一座哥特式的教堂改成陶立克式的柱形庙宇。你可以反复地清洗一个瓶子,但你不能把最初装在瓶子里的药物或威士忌酒的气味完全清除掉。

我现在的论点就是,**我们对事物的各种基本的思想方法是远古祖先们的发现,它们经历此后所有世代的经验还能保存下来**。它们形成了人类精神发展上的一个大的平衡阶段,那就是**常识**阶段。其他阶段可以在这个阶段上移枝接叶,但是永远不能代替它。让我们首先来研究这个常识阶段,就好像它是最后阶段一样。

171　　在现实的谈话中,一个人的常识意味着他有良好的判断能力,他没有偏心,用一句通俗的话来说,就是他**精明强干**。在哲学上讲,常识就有完全不同的意义了。它是指人们所用的某种理智形式或思想范畴。假如我们是龙虾或蜜蜂,那么我们的身体组织很可能会使我们使用与这些理智形式或思想范畴完全不同的样式去理解我们的经验。或许我们今天无法想象的那些思想范畴,如果在思想上用来处理我们的经验,也**可能**会被证明基本上同我们实际使用的那些思想范畴是同样适用的(我们不能武断地否认这一点)。

如果有人觉得这种说法有些不合常理,那么就请他想一想解析几何的情况吧。同样的图形,欧几里得几何用图形的内在关系来定义，笛卡尔[①]则用图形上的点与不定坐标的关系来定义，其结果是产生一个完全不同的但非常有效的处理曲线的方法。我们的各种概念就是德国人称之为 Denkmiltel（思想方法）的，就是指我们用来思考事实从而掌握事实的方法。但是仅仅作为经验本身并没有贴上标签、加上记号，我们必须首先发现它是什么。康德[②]谈到经验作为最初的存在是**现象的杂多，是混乱的知觉**，是一堆**纯粹的杂多**[③]，我们必须用理智才能把它统一起来。我们通常的做法是，首先构造一个在思想上对概念进行分类、系列化或以某种理智的方式把概念联系起来的系统，然后，用这种概念系统作为"记录"所出现的印象的标牌。当每个印象在这个概念系统里都有一个相当的位置时，它就算由此而得到"理解"。这样使各种要素保持相互对应关系的平行复写本的概念，如今证明在数学和逻辑上是非常合适的，越来越多地代替了旧的分类概念。这种概念系统很多；而感觉的复写本也是这样的一个系统。如果你对能在这些概念中的**任何地方**找到与你的感觉印象相对应的关系，那么，你就在这个范围内使这些印象得到合理解释。但是，你显然可以用各种概念系统使这些印象得到合理解释。

---

① 笛卡尔（René Descartes，1596—1650），法国哲学家和数学家。他不仅发明了解析几何，而且在他的著名的《方法谈》中，力图为哲学研究提出一个新的基础，以"我思故我在"这句格言表达出来。

② 康德（Immanuel Kant，1724—1804），德国思想家。他对哲学活动进行了一次革命，他论证了心灵不可能认识物本身，因为使事物被认知的基本条件——实体、统一性、原因、结果等是心本身的范畴，而不是实在的组成部分。他的著作有《实践理性批判》、《判断力批判》和《纯粹理性批判》等。

③ gewühl der erscheinungen，rhapsodie der wahrnehmungen："现象的杂多，混乱的知觉。"

旧的常识方法是通过一套概念对印象进行合理化的解释，其中最重要的概念有以下这些：

事物；
同或异；
种类；
精神；
物体；
唯一的时间；
唯一的空间；
主体与属性；
因果性影响；
想象的东西；
实在的东西。

我们对于这些概念从我们持久的知觉气候中所形成的秩序，现在已经非常熟悉了，因而我们很难理解，这些知觉就其本身来看，并不遵循固定的常规。在这里，"气候"这个词用的是非常适合的。例如在波士顿，气候几乎是没有什么常规的，唯一的规律就是，如果连着两天有某种气候，那么第三天你也许会碰上另一种天气，但也不一定如此。因此，在波士顿的气候经验是不连续的，并且是混乱的。至于说到气温、风、雨或日照的情况，**可能**一天会变三次。但是华盛顿的气象局却把这种无序的情况加以合理化了，它把波士顿气候的每一段变化都看作是一连串连续变化中的**一段**

**插曲**。它指出这一小段变化在大陆的气旋中的位置和时间,而在大陆气旋的历史上,每一处的局部变化都能连贯起来,就像穿在一条线上的一串珠子一样。

看来几乎肯定的是,幼童和低等动物不了解他们的全部经验,就像没有受过教育的波士顿人不了解他们的气候变化的情况一样。他们不知道作为世界容器的时间与空间,不知道什么永恒的主体和变化着的属性,或原因、种类、思想、事物等,正像我们普通人不知道什么大陆的气旋一样。一个婴儿手里玩的铃铛掉下地了,但他却不去找它。在他看来,这铃铛"跑走了",就像烛光跑走了一样。当把它重新放到他手里时,他就觉得这玩具又回来了,就像把蜡烛重新点燃时,烛光又回来了一样。这个铃铛是一个永久存在的"事物"本身,他可以把这"事物本身"加在相继出现的现象之间,这种观念婴儿显然是没有的,狗也没有这样的观念。对狗来说看不见也记不得什么"事物"本身。很明显,狗没有增添"事物"的**一般**倾向。在这里,让我来引用我的同事桑塔亚那的书①中的一段话:

> 如果一只狗正在得意地嗅来嗅去,忽然看到它很久未见到的主人来了……这可怜的畜生一点也不问它的主人为什么走了,又为什么回来了,为什么应该爱主人,或者为什么现

---

① 桑塔亚那(George Santayana, 1863—1952),美国哲学家和作家,生于西班牙,与詹姆士一起在哈佛大学任教。他早期的唯物主义观点使他不能接受实用主义,但最终在他的论著中发展了与实用主义的密切关系,他的著作有《美的感觉》、《理性的生命》、《怀疑主义与动物信仰》、《存在领域四卷集》。

在躺在主人的脚边时,倒把主人忘了,而开始哼哼起来梦想着追逐猎物——所有这些都是完全神秘的,完全没有考虑过的。这样的经验有各种各样的,有景色,有某种生动的节奏,可以用狂热的诗句把这样的经验表述出来。这种经验完全靠灵感打动人心;每一事件都好像有神意,每个动作都不是预先安排的。绝对自由与绝对的无助碰到一起:你完全依靠神佑,而那种深不可测的神秘作用也和你自己的生命难以区分……(但是)甚至那种无序的戏剧中的角色也有他们的进场和出场;只要能够集中注意力,并且记住事情的前后次序,就能逐渐发现暗示的线索……随着理解的增进,经验的每一环节都变成相应而生,并能预示其余的环节。生活中的宁静之处充满了力量,而生活中突发的兴奋则充满了创造精神。没有任何情绪可以压倒精神,因为,没有任何情绪的基础或发生是完全隐蔽的;任何事件都不能阻挡精神,因为精神能够超越任何事物。即使最糟糕的困境都能找到逃脱的办法;尽管从前每一时刻都充满了自身冒险和惊讶的情绪,而现在每一时刻却为取得以前的教训并推测全部的情节留下了余地\*。

甚至在今天科学和哲学还在劳神费力地想把我们经验中的幻想和实在分开;在远古时期,他们只是在这方面做出一些初步的区分,人们相信他们能够鲜明生动地想到任何东西,因而他们不可避

---

\* 《理性的生命:常识中的理性》(*The Life of Reason: Reason in Common Senses*),1905 年版,第 59 页。

免地会把梦想和现实混淆起来。在这里,"思想"范畴和"事物"范畴是不可缺少的——现在我们把某种经验只是称之为"思想"而不是叫做现实。在上面列举出来的范畴中,没有一个范畴我们不能想象它的用法有历史上的起源,只是后来才逐步加以推广的。

我们大家都相信有唯一的**时间**,每件事都在这唯一的时间中有确定的时期,有唯一的**空间**,每一事物在这唯一的空间中都有它的位置,这些抽象的概念无与伦比地把世界统一起来;但是它们作为概念的最后完成形式,与自然人的松散无序的时间和空间的经验是多么的不一样啊!我们面前发生的每一事物都有它本身时间上的持续和空间上的广延,而这两者又被一种进入下一个事物的时间持续和空间广延的"更大的"边界模糊地环绕着。但在这里,我们很快就会失去一切确定的方位;不仅小孩子分不清昨天和前天,把整个过去都搅在一起,而且我们这些成年人只要时间长了也还是会分不清。对于空间的情况,也同样如此。在一张地图上,我能够明确地看到伦敦、君士坦丁堡、北京和我所在地方的关系;但实际上,我却完全不能**感觉到**地图上所表示的事实。方向和距离是模糊的、混乱的、混淆不清的。宇宙空间和宇宙时间绝不是像康德所说的那样的"直观",而是像科学所表明的任何东西一样,是专门的人工的构造。人类的绝大多数从不使用这些概念,而是生活在一个多种时间和空间互相贯通、**混乱交织的**(*durcheinander*)世界中。

再说永久的"事物";"同一"事物和它的各种各样的"现象"和"变化";事物的不同的"类",以及最后以"种类"作为"谓词",而事物仍然作为"主语"——这一系列的名词对我们的互相交织的直接

的经验之流和可感觉到的变化显示出多大的梳理作用呀！任何一
179 个人实际上使用这些概念工具来整理的只是他的经验之流的最小
的一部分。我们的最原始的祖先在所有这些概念工具中，大概只
能最含糊地、不准确地使用"同一的"这个概念。但即使在那时，如
果你问他们，这同一是不是在他们没有看到的整个这段时间里是
持续存在的"事物"，他们大概会感到茫然不知所措，只能说他们从
来没有提出过这样的问题，也从来没有以这种方式去考虑过各种
事情。

　　类和类的同一性——多么有用的能使我们在"多"中找到解决
办法的**思想方法**啊！"多"可能被认为是绝对的。一切经验可能都
是个别的，没有一项经验会重复发生两次。在这样的世界里，逻辑
学可能没有什么用处了；因为，类和类的同一性是逻辑的唯一工
具。只是我们知道，凡是属于一个类的也属那个类的类，我们就好
像穿上神靴可以周游整个世界了。动物从来不会用这些抽象的观
念，而文明人则以多种多样的方式大量使用它们。

180 　　再说因果性影响吧！这种概念，如果说有什么不同的话，那就
是它看来是一个远古的概念；因为我们知道原始人以为几乎一切
事物都是重要的，并且都能发挥某种影响。他们寻找更加确定的
影响似乎是从这样一个问题开始的：对于一种疾病、一种灾难或不
幸事件，"是谁或是什么东西惹的祸？""应当归咎于谁，或归咎于什
么东西？"对因果性影响的寻求，就是从这个中心扩展开来的。休
谟和"现代科学"都想要把影响这个观念一起去掉，而用一个完全
不同的**思想工具**——"规律"——来代替它。但规律相对说来是一
个较近的发明，而在旧的常识领域里，影响仍然占据支配地位。

"可能"是低于现实高于完全非实在的另一个在常识领域里有权威性的概念。尽管你会批评这些概念,但它们仍旧保持下来;一旦这种批评的压力放松一些,我们就会又回到这些概念上来。在实体的和形而上学的意义上,"自我"、"物体"——谁也逃脱不了这些思想形式的支配。实际上,常识的思想方法总是一概获胜的。每一个人,无论他多么有学问,还是会以常识的方式认为一个"事物"是一个永久的统一主体,交替地支持着事物的各种属性。没有一个人会坚定而诚恳地用一个更富有批判性的概念,通过规律把一组感觉性质统一起来。在我们手里掌握了这些范畴,我们就可以用这些范畴一起来制订计划和谋略,并且把经验中所有较远的部分同摆在眼前的部分联系起来。我们后来的更有批判性的哲学与这种思想的自然的母语比较起来,只不过是一种流行的时尚和装饰品而已。

因此,常识在我们对事物的理解上显得是一个完全确定的阶段,是一个能够特别成功地满足我们思考的各种目的的阶段。"事物"确实是存在的,甚至在我们看不到它们的时候也仍然存在。事物的"类"也存在。事物的"性质"是事物据以发生作用的东西,也是我们施加影响的东西,这些性质也是存在的。例如,这些灯把光的性质照在这个房间的每件东西上。如果我们在灯光照射的路上举起一块不透明的幕布来,那就会把灯光的**性质**给遮住了。正是我嘴唇里发出的声音传到你的耳朵里。正是火产生的能感觉到的热传到了我们煮鸡蛋的水里;我们放一块冰到水里,就能使热水变冷。所有欧洲以外的人都无例外地停留在这样一个哲学阶段上。对于所有必需的实际生活目的来说,这种常识的哲学阶段是足够的了；即使在我们欧洲人中间也有一些故弄玄虚的人，像贝克莱所说的受了学问毒害的人才会怀疑常识不是完全真实的。

但是，如果回过头来看一看，想想为什么常识范畴会达到那么令人惊奇的极为重要的地位，那么我们就没有理由不相信常识范畴的胜利过程正像德谟克里特①、贝克莱或达尔文②提出来的概念在近来取得同样胜利的过程一样。换言之，常识范畴可能是由史前时期的天才人物成功**发现**的，这些天才人物的名字却被古代的漫长黑夜所埋没了；这些常识范畴可能得到最初合适的经验事实的直接证实，然后由一个事实**推广**到另一个事实，由一个人扩展到另一个人，直到一切语言都建立在这些常识范畴的基础上，到了现在我们已经自然而然地不可能以别的概念来思考了。这种观点只是遵照到处证明为十分有效的法则，那就是认为我们在小处和近处观察到有效而形成的规律，在大处和远处的事物也必定遵循这种规律。

对于一切功利的实际目的来说，这些常识概念是完全足够的了；但这些概念开始于一些发现的特定的点，然后逐渐由一个事物推广到另一个事物，我们今天对这些概念的使用加上一些极不可靠的限制，似乎就证明了这种情况。为了某种目的，我们假定有一

---

① 德谟克里特(Democritus，公元前约460—前370)，古希腊哲学家。他力求以一种融贯的机械论来解释自然现象，并把原子确定为物质的基本单位。
② 达尔文(Charles Robert Darwin，1809—1882)，英国生物学家。他在《物种起源》、《人类的由来》这些著作中积累了支持早期进化论的证据，并发挥了他自己的关于生存斗争，适者生存的观点。

种"客观"的时间在**均匀地流动着**,但我们并不是逼真地相信或认识到这种均匀流动的时间。"空间"是一个并不含混的概念;但"事物"到底是什么呢?确当地说星座是一个事物吗?军队是事物吗?**理性的产物**(ens rationis)如空间和正义是事物吗?一把刀换了刀柄和刀刃还是"同样"的吗?洛克认真讨论过的那个"矮小丑陋的孩子"还属于人这个"种类"吗?"心灵感应"是幻想还是"事实"呢?一旦你超出这些范畴的实际使用(通常由具体实例的情况就能充分表示出来的用途)而转到一种纯粹好奇的或思辨的思想方法上,那你就根本不可能说出任何一个范畴会在什么样的事实范围内使用。

亚里士多德的逍遥学派哲学,听从理性主义的倾向,通过非常专门性的和清晰明确的方法来处理这些常识性范畴,想使它们成为永恒化的体系,例如一个"事物"是一个"存在(ens)",是"固有"各种性质的主体。主体是一个实体。实体有许多种类,种类的数目是确定的而且是各自独立的。这些区别是基本的和永恒的。它们作为**议论**的项目的确是极为有用的,但是,除了用它们引导我们的议论达到有利的结果以外,就显示不出它们的意义是什么了。如果你问一位经院哲学家,实体本身是什么,他除了说实体是承载着属性的东西以外,就只有说你的理智是完全懂得这个词的意义的。

但是理智所清楚知道的只是这个词本身和它的引导功能。这样一来,如果**听凭理智自身**(sibi permissi),理智就只有好奇和无所事事,那么它就会放弃常识的一级而转入一般可称之为思想的"批判的"一级。不仅像休谟、贝克莱、黑格尔**这样一些**称为智者的人，而且像伽利略①、道尔顿②、法拉第③这样一些对事实进行实际观察的人都认为不能把**朴素**的感觉范围的常识当作终极的实在看待。由于常识在我们的断断续续的感觉中内推出它的不变的"事物"，所以科学就超出常识世界**外推**出它的"第一性"的质的世界，它的原子、以太以及磁场等等的世界。现在，"事物"就是看不见的、摸不着的东西了；过去看得见的常识性事物被认为是由这些看不见的东西结合产生的结果。或者就把整个**朴素**的事物概念通通取消，事物的名称就被解释为只借以表示我们的某些感觉习惯上前后相继或同时存在的**规律或结合律**（regel der verbindung）。

科学与批判哲学就这样突破了常识的界限。随着科学的发展，**朴素**实在论便不复存在了："第二性的"质成了非实在的了；只有第一性的质仍然存在。批判哲学使一切事物陷入极大的混乱。常识范畴一概不表示**存在**方面的任何事物；它们只是人类思想的纯粹的习惯；在无法挽回的感觉之流中它们是我们逃避困境的方法。

批判思想中的科学倾向虽然最初是由纯粹理智的动机所推动，但现在却令人惊异地打开了一个完全出人意料的实际效用的领域。伽利略使我们有了精确的时计和准确的炮火射击；化学家

---

① 伽利略（Galileo Galilei，1564—1642），意大利天文学家、物理学家和数学家。他有多种发现，特别是证明了不同重量的物体都以相同的加速度降落。

② 道尔顿（John Dalton，1766—1844），英国化学家和物理学家。他发现在混合气体中每种气体的运动都是互相独立的，从而开创了现代化学。

③ 法拉第（Michael Faraday，1791—1867），英国物理学家和化学家。他以电和磁方面的研究成就而著称于世。

给我们提供了大量的新药品和颜料；安培①和法拉第使我们有了纽约的地下铁道，马可尼②使我们有了无线电报。这些人所发明的假设性的事物，如果像他们所规定的那样加以确定，就会表现出极其丰富的可以通过感觉加以证实的结果。我们的逻辑能从这些事物中推论出某种条件下产生的结果；然后，我们可以实现这些条件，于是这个结果很快就会出现在我们眼前。现在我们通过科学的思想方法实际控制自然的范围已经大大地超过了过去建立在常识基础上的控制范围。这种控制范围增加的速度进展得这样快以至于任何人也不可能找出它的极限；人们甚至害怕人的**存在**可能被他自己的力量毁掉，他作为一个有机体的固定本性可能经受不了不断增加的巨大功能的张力，这些功能几乎像神创的功能，他的理智能使他越来越多地掌握这些功能。他可能淹没在他的巨大财富里，就像澡盆里的一个孩子打开了水龙头而不会关掉，结果被淹死一样。

批判主义的哲学阶段在否定方面要比科学阶段彻底得多，但至今还没有给我们显示出有实用能力的新领域。洛休、休谟、贝克莱、康德、黑格尔，在阐发自然界的具体实用方面，是谈不上什么贡献的。我想不出有什么发明或发现能够直接地追溯到属于他们的独特思想的东西，因为，无论是贝克莱的柏油水，还是康德的星云

---

① 安培(André-Marie Ampère，1775—1836)，法国数学家和物理学家。他提出了电和磁的重要原理，规定了电流单位的名称。
② 马可尼(Machese Guglielmo Marconi，1874—1937)，意大利电力工程师。他发明了无线电报从而使现代的无线电通信成为可能。

假说,都和他们各自的哲学理论没有任何关系。他们的信徒从他们那里获得的满足是理智上的而不是实际上的;而且我们还必须承认,有很多信徒就连在理智上的满足也没有得到。

这样说来,我们所生活的世界至少有三个特征鲜明的思想层次、阶段或类型,一个阶段的观念,具有一种特征,另一个阶段的观念,具有另一种特征。但不能说任何一个眼前出现的阶段就绝对比任何其他阶段更**真实**些。常识是更**稳定**的阶段,因为它首先获得全面活跃的机会,使所有的语言都与它相结合。常识阶段与科学阶段,到底哪一个更**尊贵**一些,可以留给各人自己去判断。但是,无论是稳定还是尊贵,都不是真理的决定性标志。如果常识是真的,为什么科学要把我们的全部生活兴趣所依靠的第二性的质说成是假的而发明一个由点、曲线和数学方程式构成的不可见的世界来代替它呢?为什么科学必须把原因和作用力都变成"函数变量"、法则呢?烦琐哲学作为受过学院训练的常识的亲姐妹,它力图把人类家族中经常谈到的那些形式定型化,使它们成为确定的,并永久地固定下来,但终究是徒劳的。实体性形式(也就是我们所说的第二性的质)好不容易才保持到公元1600年。那时人们对这些形式已感到厌倦了;而后来伽利略、笛卡尔的新哲学只是又给它们一个**沉重的打击**而已。

但是现在如果新种类的科学"事物",如粒子和以太的世界在本质上是更"真实的",那么,为什么它们会在科学本身的范围内引起这么多的批评呢?科学的逻辑学家从各方面说,这些东西和它们的规定性不论表现得多么明确,都不应当看作是完全真实的,它们**好像**是存在着;但实际上它们只是像坐标或对数那样,是引导我们从经验之流的这一部分到另一部分的简捷方法而已。我们能够很有成效地用它们进行运算；它们得心应手地为我们服务，但我们绝不能受它们的迷惑。

在我们把这几种类型的思想加以比较时，我们很难得出**明确的**结论，说哪一种更绝对的真。它们的自然的纯真性，它们的理智上的价值，以及它们在实际上的成果丰富性，所有这些，开始都是作为检验它们真实性的明确标准，而结果倒把我们弄糊涂了。常识对于一种生活范围来说是**更好些**，科学对于另一种生活范围来说是更好一些，哲学的批判对于第三种生活范围更好一些；但是到底哪一种绝对地说**更真实些**呢，那只有天知道了。

目前，如果我没有弄错的话，我们可以看到在马赫、奥斯特瓦尔德和杜恒这些人所提倡的科学哲学中，有一种回到用常识方法来观察物理的自然界的奇怪现象。按照这些导师的看法，任何一个假设都不能完全真实地摹写实在，在这个意义上说，没有一个假设会比其他假设更真实。所有假设都不过是从我们的角度来说的说话方式，只能从它们的**应用**的角度，对它们进行比较。唯一真实的事物就是**实在**；在这些逻辑学家看来，我们所知道的唯一实在就是可感觉到的实在，就是我们的感觉和情绪所形成的流。对这些表现出来的感觉（如运动、热、磁力、光，等等），如果用一定的方法衡量，可以（照奥斯特瓦尔德的说法）用"能"这样一个集合名词来称呼它们。用这样的方法来衡量它们，我们就能用最简单、对人类的使用最有效果的方式来描述它们所表现出来的相关的变化。这些公式是思维经济的最大胜利。

任何人都会赞扬这种"唯能论"哲学。尽管这种"唯能论"哲学有它的吸引力,但超感觉的实体、粒子和振动,对于大多数物理学家和化学家来说,仍然继续有效。"唯能论"哲学似乎太经济了,不足以满足各方面的需要。毕竟实在的基本意旨是丰富多样而不是经济节省。

192　　我这里所涉及的是具有很高专业性的问题,在通俗性讲演里不太合适,而且我的能力也有所不足。然而,这样对我的结论来说,反而更好些,我在这里要作的结论是这样的:真理的全部意义(我们自然地和不假思索地认为真理是指现成的和既定的实在在我们心中的简单摹写)是很难理解清楚的。在各自都声称拥有真理的各种思想类型之间,似乎并没有什么简单易行的检验方法可以立即加以判断。常识,普通科学或粒子哲学,激进批判的科学或唯能论,批判的或唯心论的哲学,所有这些系统从某一方面来看似乎都有不够真实和令人不满意的地方。显然,这些如此广为不同的系统的冲突迫使我们仔细检查真理这个观念,而现在我们对真理这个词的意义还没有一个明确的观念。我将在下一讲里来处理这个问题,而现在这一讲,再讲几句就结束了。

193　　在这一讲里,我希望你们记住的只有两点。第一点是有关常识的。我们已经看到可以怀疑它的理由,尽管它的范畴历史悠久,尽管它们得到普遍的应用并且深入到语言结构里,但我们还是可以怀疑它,它的范畴毕竟只是一些非常成功地汇集起来的假设(在历史上被一些个人所发明或发现,但逐渐交流传播开来,并为每个人所使用),我们的祖先从远古以来就用这些假设来统一和整理他们的断断续续的直接经验,使它们与表面的自然对于日常的实际目的达到一种非常令人满意的平衡,如果不是由于德谟克里特、阿基米德①、伽利略、贝克莱这些人以及由他们的榜样所激发的其他奇异天才的高度智力活跃，这些常识的范畴一定会永远保持下去。我请你们记住对于常识的这种怀疑。

另一点要记住的就是：我们已经考察过各种思想类型，每一种对于一定目的都有非常优越之处，然后又都是彼此冲突，没有一种能够称得上绝对真实的，这些不同的思想类型的存在，不正是应当能够启发一种有利于实用主义观点的假设吗？这种实用主义的观点认为我们的一切理论都是**工具性的**，都是思想**适应**实在的样式，而不是对某种神造的世界之谜的显示或诺斯提式的神秘答案。我在第二讲里已经把这种实用主义观点尽可能清楚地表达出来了。当然，实际的理论状况的不稳定，每一种思想层次对于某种目的具有的价值，每一种思想层次不可能决定性地排斥其他思想层次，这些都启示了这种实用主义的观点，我希望在以后的几讲里可以完全充分地加以阐述。到底真理还会有什么含糊不清的地方吗？

---

① 阿基米德（Archimedes，公元前约287—前212），古希腊物理学家、数学家和发明家。他制定了关于部分或全部浸入液体中的物体，其向上的浮力等于置换出的液体的重量的原理。

# 第六讲　实用主义的真理观

据记载，麦克斯韦①小时候就有一种凡事都要刨根问底的习惯，事事都要人家给他解释得清清楚楚，要是人家对某种现象说些含糊其辞的话来敷衍他，他就不耐烦地打断人家的话说："行了，我请你**详细地**告诉我它究竟是**怎么回事**。"如果他谈的问题是有关真理的话，那就只有实用主义才能详细地告诉他真理究竟是怎么回事。我相信，我们当代的实用主义者，特别是席勒和杜威两位先生，已经对这个问题提出了唯一站得住脚的说法。这是一个非常麻烦的问题，千头万绪，盘根错节，简直无孔不入，用仅仅适于公开讲演的大而化之之方法是很难说得清楚的。但是，席勒和杜威的真理观受到了理性主义哲学家们非常猛烈的攻击，而且遭到非常恶劣的误解；因而，我想正好在这里作一个简明扼要的说明。

我完全预想得到，实用主义的真理观要经历一种理论发展必经的各种典型阶段。大家知道，一种新的理论开始总会受到攻击，被斥为荒谬；然后，人们承认它是真的了，但仍旧被认为是肤浅的不重要的；最后它才被认为非常重要，连原来反对它的人也声称这

---

① 麦克斯韦（James Clerk Maxwell，1831—1879），苏格兰物理学家。他建立了电磁理论的数学基础，并证明了光的电磁性质。

## 第六讲　实用主义的真理观

个理论是他们自己发现的。我们的真理理论目前还处在上述三个阶段中的第一阶段，在某些方面已经开始显出第二阶段的征兆。我希望这个讲演可以帮助它在你们中间许多人眼里越过这第一阶段。

任何一本辞典都会告诉你，"真"是我们的某些观念的一种特性。它指的是这些观念与"实在"的符合，正如"假"是指观念与"实在"不符合一样，实用主义者和理智主义者都把这个定义当作理所当然的。只有在把"实在"作为我们的观念与之相符合的东西时，问到"符合"究竟是什么意思，"实在"又是什么意思，这时，他们才开始争吵起来。

在回答这些问题的时候，实用主义者比较善于用分析的态度，比较下功夫，而理智主义者则比较随便，比较欠考虑。通常的看法认为，一个真的观念必须是摹写实在的。这个看法也像其他通常的观点一样，是比照最通常的经验得来的。我们对于感性事物的真观念，的确是摹写这些事物的。你把眼睛闭上，去想挂在那边墙上的钟，你所想到的正是这个钟面的这样一个真的图像或摹本。但是你对钟的"活动部件"的观念（除非你是一个钟表匠）就够不上一个摹本了，不过也还过得去，因为它与实在并无抵触。即使把这个观念缩小到仅剩"部件"，"摹本"这个词还是用得不错的；可是当你说到钟的"计时功能"或法条的"弹性"时，那就很难确切地看出你的观念能够摹写什么了。

你会感到这里有一个问题。在我们的观念不能确定地摹写其对象的情况下，与那个对象符合又是什么意思呢？有些唯心主义者似乎会说，只要这些观念不违背上帝要我们那样想的意思，那么

200　它们就是真的。另一些唯心主义者则坚持摹本观点，似乎我们的观念愈是接近绝对永恒思想方式的摹本，就愈有真理性。

你们知道这些观点是需要进行实用主义的讨论的。理智主义者们有一个重大的假设，认为真理的意思主要是指一种惰性的静态关系。当你得到了关于某种事物的真观念时，事情就结束了。你拥有真理了，你**知道**真理了，你已经完成你的思维的使命了。你已经到了你在精神上应该到达的地方了；你已服从了你的至上命令了；站在你的理性使命的那个最高峰上，再也没有更进一步的必要了。在认识论上，你是处于稳定平衡状态了。

另一方面，实用主义则提出它的老问题：假定一个观念或信念是真的，那么这在一个人的实际生活上会造成什么样的具体差别？真理怎样才能实现呢？假如这个信念是假的，那么会有什么经验与所产生的经验不同呢？总之，真理在经验上的兑现价值是什么呢？

201　实用主义在提出这个问题的时候，就知道了答案：**真观念就是我们能够吸收、能够生效、能够确认、能够证实的那些观念。假观念就是不能这样做的那些观念**。这就是由于我们拥有真观念而产生的实际差别；因而，这就是真理的意义所在，因为我们所知道的真理无非就是如此。

这就是我必须维护的论点。一个观念的真理性并不是这个观念所固有的静止的属性。真理性是一个观念**所碰到的**。观念**变成了真的**，是事件**使它**为真的。它的真实性实际上是一个事件，一个过程：也就是它证实自身的过程，它的证实**活动**。它的有效性就是使之生效的**活动**过程。

## 第六讲 实用主义的真理观

但是从实用主义的观点看来,"证实"和"生效"这两个词是什么意义呢?它们所指的仍然是那个证实和生效的观念的某些实际效果。要说明这些效果,很难找出一个比通常的符合公式更合适的用语来——我们说我们的观念"符合"实在时,我们心里想到的还是这样的一些效果。也就是说,这些观念通过所引起的那些活动和其他观念,把我们引进、引到或引向其他部分的经验,而我们始终感觉到(这些感觉是我们的一种潜在能力)原来的观念仍然与这些部分的经验相符合。这种联结和过渡使我们感到是一点点地逐步进行的,是和谐的、令人满意的。这种可能一致的引导作用就是我们所说的观念的证实。以上的说明是含糊的,初听起来显得很肤浅,但它是有结果的,我们将用剩下的时间来说明这些结果。

我首先要提醒你们回忆一个事实:拥有真的思想,无论在哪里总是意味着拥有极其宝贵的行动工具;我们追求真理的责任绝不是从天上降下来的一道空头命令,也不是我们的理智加在自己身上的一种"约束",而是可以用一些极好的实际理由来说明的。

拥有关于事实的真信念,对于人生是很重要的,这是一件尽人皆知的事。我们生活在一个有各种各样实在事物的世界里,这些实在事物可能对我们极为有利,也可能极为有害。有些观念告诉我们可望得到哪些实在,那么这些观念在这种最初的证实范围内,就算是真观念,追求这种真观念是人的首要义务。拥有真理在这里根本不是什么自在的目的,而只是进而求得其他生活上满足的一个先决的手段。要是我们在森林中迷了路,肚子也饿了,而在地上发现了一点痕迹,好像是牛蹄出来的小路,那时,想到这路的尽头有房子、有人烟是极其重要的,因为我要是这样想并且顺着走,我就会得救了。在这里,真思想是有用的,因为这种真思想的对象——房子——是有用的。这样看来,真观念的实际价值首先是来自它的对象对于我们的实际重要性。这种观念的对象当然也不是在任何时候都重要。在别的情况下,我就可以用不着这个房子;那时我关于房子的观念尽管是可以证实的,可是并不切合实际,因而还是让它停留在潜在状态吧。然而,既然几乎任何一个对象都可能在某个时候变得重要起来,那么,一般地储存一些**额外**的真理,一批只是在可能发生的情况下变成真的观念,显然是有好处的。我们把这种额外的真理储存在我们的记忆中,更把它大量地充满我们的参考书。在遇到紧急情况时,某个额外的真理变得切合实际了,它就从冷藏库里跑出来,到世界上来发挥作用,而我们对它的信念也变得活跃起来了。那时你就可以这样说明这种额外真理:既可以说"它因为真所以它有用",也可以说"它因为有用所以真"。这两句话说的恰恰是一回事,那就是:这里有一个观念得到实现了,能够证实了。"真"是表示某个观念开始其证实过程的名称,"有用"是表示这个观念在经验中发挥其作用的名称。我们绝不会把真观念单挑出来说它们是真的,也不会给它们取一个类名,更不会给它们取一个表示价值的名称,除非它们一开始就一直这样有用。

　　实用主义从这个简单的提示得到了它对真理的一般观念:真理主要是与我们的某一环节的经验引导到值得达到的其他环节的经验的方式有密切关系。首先,从常识的层次上说,一种思想状态的真理性,就是指这种**有价值的引导**作用。当我们的经验中的某一环节——不管是哪一类的——使我们有了一种真的思想时,这就意味着我们迟早总会靠这种思想指导,重新进入那种经验的特殊环节并且与之形成有利的联系。这是一个非常含糊的说明,但是我请你们记住它因为它是重要的。

同时,我们的经验是完全有规则的。一项经验可以预告我们准备迎来另一项,可以"预示"或"表明"那个较远的对象。这对象的出现就证实了它的意义。在这些情况下,真理的意义无非是指事件的证实,这显然同我们的任意妄为是不相容的。一个人的信念如果反复无常地对待他的经验中各种实在事物所遵循的秩序,那他要倒霉的;这些信念不是使他得不到任何结果,就是使他产生错误的联系。

这里的"实在"或"对象"指的是常识中感到存在的事物,或者是常识中的关系,如日期、地点、种类、活动等。例如我们心里想着牛蹒出来的路的尽头有一所房子,随着心里想的房子的意象,我们实际上终于看到了这所房子,我们得到了这个意象的充分的证实。**这些直接和充分证实的引导无疑是真理过程的原本和原型**。经验的确也提供了另外一些类型的真理过程,但这些都可以被认为是受阻碍的、发生了分化的,或者彼此之间可以互相替代的初步的证实。

例如,挂在那边墙上的东西。你们和我都认为是一架"钟",虽然我们没有一个人看到里面藏着哪些部件。我们并不打算去证实,就把这个概念当真的。如果真理所指的主要是证实过程,我岂不是要把这种未经证实的真理称为半截子真理吗? 不能这样说,

207 因为这种真理在我们赖以生活的真理中占绝大多数。间接的证实也和直接的证实是同样有效的。只要有足够的佐证,没有目击的佐证也行。正如我们虽然没有到过日本,但我们在这里却假定日本存在,因为这样做**行得通**,而我们所知道的每一件事都与这个信念吻合一致,没有一件事与它相抵触;我们假定那个东西是一架钟,情况也是如此。我们把它当作一架钟**使用**,用它来掌握讲演时间的长短。这个假定的证实在这里就是指不会引导我们碰到挫折或陷入矛盾。这钟的齿轮、钟摆、钟锤的可证实**性**也如证实活动一样有效。为了完成一个真理过程,在我们的生活中就有千千万万的这种初生态的证实功能。它们对我们**指向**直接证实,把我们引进它们所体现的对象的**环境**中;然后,要是一切都进行得很顺当合适,我们也就深信我们所省略掉的那个证实是可能的,而且一切通常发生的事情也都证明了这样是对的。

208 事实上,真理大部分是靠一种信用制度过日子的。我们的思想和信念只要不遭遇什么困难和挑战就可以"通行",正如银行的钞票只要没有人拒绝使用就可以流通一样。不过这一切都要靠某个地方有面对面的直接证实,若没有它,真理的整个结构就要瓦解,就像一个金融系统没有任何现金储备就要倒闭一样。你接受我对这件事的证实,我接受你对另一件事的证实。我们拿各人的真理相互做交易。但是一定要有经**某人**具体证实过的信念作为整个上层建筑的支柱。

我们之所以在日常生活事务中并不进行完全的证实,除了为节省时间以外,还有一个重要的理由,就是因为一切事物都是按类存在着,而不是单个存在的。我们的世界是永远具有这个特征的。

## 第六讲 实用主义的真理观

因此,当我们一度对一类观念中的某一样本进行直接证实以后,我们就认为自己可以自由地把这些观念应用到其他样本上而不必再去证实。一个人的思想要是习惯于辨别他面前的那一类事物,并且直接按照这个类的规律去行动,而并不停留下来进行证实,那么,在百分之九十九的事件中,这个思想将是"真"的,这一点可以从他的行动适合于所遇到的每一件事而不遭否定得到证明。

**由此可见,间接证实或者只是潜在证实的过程可以与完全的证实过程同样地真。** 它们起的作用同真正的证实过程一样,给我们带来同样的好处,并以同样的理由要求我们承认。所有这一切都是我们唯一重视的常识水平的事实。

但是事实并不是我们进行交易的唯一手段。**各种纯粹的思维观念之间的关系也**构成了真、假信念进行活动的另一领域,在这里,信念是绝对的或无条件的。如果它们是真的,就称为定义或原理。如一加一等于二、二加一等于三,等等,就是一个原理或定义;又如白与灰的差别小于白与黑的差别;在原因开始起作用的同时,结果开始产生,这些也是原理或定义。这样一些命题是适用于一切可能的"一"、一切可以设想的"白"、"灰"和"原因"的。这里的对象是思维的对象。它们的关系是一目了然的,不需要任何感觉证实。而且,这些思维的对象一旦是真的,那么对于那些同样的思维中的事物也就永远是真的了。在这里,"真"具有"永恒"的性质。要是你能够在某个地方找到一件具体事物,是"一个"或"白的"或"灰的",或是一个"结果",上述的那些原理就永远对它适用。这不过是先确定类然后再把类的规律应用到特殊对象上的一个例子罢了。只要能够正确地说出类来，那你就一定得到真理，因为你的那些思维联系是毫无例外地适用于这个类的每一件事物的。要是你在具体的场合没有得到真理，那么你就可以说是把实际对象归错了类。

在这个思维关系的领域内，真理也仍然是起一种引导作用。我们把这个抽象概念与那个抽象概念联系起来，最后构成一些逻辑真理和数学真理的大体系，各种可感觉到的经验事实分别列入这些体系的相应项目之下，因此，我们的永恒真理也都适用于实在事物。这种事实与理论相结合的结果是无限丰硕的。**倘若我们把对象正确地纳入某种规则**，那么我们在这里所说的在具体的证实以前就已经是真实的了。我们为各种可能的对象预先准备的理想的框架是按照我们的思维结构产生的必然结果。我们对这些抽象关系，正像我们对感觉经验一样，不能随意改变。我们必须遵从这些抽象关系，不管我们对结果喜欢还是不喜欢，我们必须始终如一地对待它们。加法规则无论是对我们的债权还是债务都同样严格适用。圆周率 π 的第一百位小数在观念上是预先确定了的，虽然可能还没有人算过。如果我们在处理一个实际上的圆形需要这个数字，那我们就需要按照通常的规则把它正确地算出来，因为按照这些规则无论在什么地方计算出来的数字都是同样的真理。

我们的心灵就是这样紧紧地处在感觉秩序的强制和理想秩序的强制之间。我们的观念必须与实在相结合，不管这些实在是具体的还是抽象的，是事实还是原理，否则就要受到惩罚，不断地陷入矛盾和挫折之中。

到此为止，理智主义者是提不出什么异议的。他们只能说我们仅仅接触到问题的表面。

因此，实在的意思既是指具体的事实，也是指事物的抽象种类以及我们通过直觉感知到这些种类之间的关系。此外，实在还有一层意思，就是指我们已经拥有的全部其他真理，这是我们的新观念同样不能不考虑到的。但是，要是再用那个流行的定义，那么与这第三种实在相"符合"，又是什么意思呢？

到了这里，实用主义就开始与理智主义分手了。符合的第一层意思当然就是摹写，但是我们又看到，单是"钟"这个词就可代替钟的运转的思维图像，而且有许多实在事物，我们的观念只能是它们的符号而不能是它们的摹本。例如，"过去的时间"、"能力"、"自发性"——对这样一些实在我们的心灵怎么能够摹写呢？

广义的与实在相符合**只能是指**：或者是把我们直引导到实在，或者把我们引入这个实在的周围环境，或者是使我们与实在发生有效的接触，如把握它或把握与它相联系的东西要比**不符合时把握得更好**。或者在理智上，或者在实际上把握得更好！符合常常只是指一件消极的事实，就是从实在方面没有什么与它相矛盾的东西来妨碍我们的观念把我们引导到某处。摹写实在诚然是符合实在的一个非常重要的方式，但绝不是主要的方式。主要的东西是引导的过程。任何一个观念，只要能够帮助我们在实际上或理智上**处理**实在或附属于实在的相关事物；只要不使我们的进展受阻，只要事实上能使我们的生活**适合**和适应实在的整个情况，就充分达到要求了。这样的观念就是合乎那个实在的了。

因此，**名称**正像确定的思维图像一样有"真"有"假"。它们建立了类似的证实过程,并导致完全相同的实际结果。

所有人类的思想都是漫无边际的;我们互相交换经验,交流证实,通过互相的社会的交往得到这些观念。一切真理都这样通过话语建立起来,保存起来,供每个人利用。因此,我们**说话**必须保持一贯,就像我们的**思想**必须保持一贯一样;因为在谈话和思维中都要涉及种类。名称是随着确定的,但一旦为人们所理解,就必须保持一贯。我们绝不能把"亚伯"一会儿叫做"该隐",一会儿又把"该隐"叫做"亚伯"。如果我们真的这样做了,那就和《创世记》全书完全对不上号,也和由古及今那本书范围中的语言和事实对不上号。我们就把自己抛在那种语言和事实的全部系统所体现的任何真实情况之外了。

我们的绝大多数的真观念都不可能有直接的或面对面的证实——例如,对该隐和亚伯那些过去历史的证实。时间之流只能通过话语加以追溯,或者通过过去保存下来的东西在现在的延伸或效果来加以间接的证实。如果它们同这些话语或效果相符合,我们就能知道,我们对过去的观念是真的。**正如过去的时间本身是真的**一样,恺撒大帝①也是真的,上古的怪兽也是真的,所有这些都在他们各自的时间和环境中真实地存在过。过去的时间和现在的一切事物相连贯一致,这就保证了过去时间存在。正如现在的**存在**是真的,过去的**存在**也是真的。

---

① 恺撒(Gaius Julius Caesar,约公元前102—前44),古罗马的政治家、将军、雄辩家和历史学家。他发动了一场内战以后,成为罗马的独裁者,后来在他的朋友布鲁特斯领导的叛乱中被暗杀。

## 第六讲 实用主义的真理观

这样，符合基本上就变为一个有益的引导的问题——引导是有用的，因为正是引导到的地方才包含着重要的对象。真观念除了把我们直接引导到可感的目标以外，还把我们引导到有用的话语和概念方面。真观念把我们引导到一贯性、稳定性和人们之间不断的交往中。它们引导我们避免偏激和孤独、避免错误和无效的思想。引导过程不受阻碍的流动，使它普遍地免于冲突和矛盾，这就被认为是它的间接的证实。但是条条道路通罗马，归根到底所有真的过程都必定引导到曾为某个人的观念所摹写的某种可感觉经验的直接证实的地方。

这就是实用主义者对符合这个词所作的相当宽泛的解释。实用主义者完全实际地对待符合。他让符合这个名词包括任何现在的观念到未来目标的传导过程，只要这种传导进行得顺利。只有这样，"科学"观念才能说是与它们的实在相符合。我已经说过，实在好像是由以太、原子或电子构成的，但我们绝不能完全照字面就这样看。"能量"这个词甚至不能说代表任何"客观的"东西。它只是测量表面现象从而把它们的变化用一个简单的公式统一起来的方法。

但是在选择这些人造的公式时，我们绝不能反复无常任意而行而不受惩罚，正如在常识的实际层面上我们不能反复无常地率性而行一样。我们必须找到一种能够**发挥作用**的理论；而这就意味着是一件非常困难的事情；因为我们的理论必须是在所有先前的真理与某种新的经验之间起中介作用的。它必须尽可能不打乱常识和先前的信念，而且还必须引导到某个可感觉到的目标或其他可以得到确切证实的目标。"发挥作用"指的就是这两种情况；

而且两者之间靠得非常紧密,没有任何假设回旋的余地。没有任何别的东西像我们的理论那样受压和受控的了。但有时也有其他可选择的理论公式同样与我们所知道的所有真理是相容的,这时我们就可以在它们之间凭主观的理由进行选择。我们选择的那种理论是我们已经有所偏爱的理论;我们追求"优美"或"经济"。麦克斯韦在一个地方说过,在两个同样有充分证据的概念之间如果选择其中更复杂的概念,那就是一种"拙劣的科学鉴赏力";你们大家赞成他的说法。科学中的真理就是能够给我们提供最大限度满足的东西,其中也包括鉴赏力;但它必须与以前的真理以及新的事实二者都保持一致,这总是最迫切的要求。

我已经领着你们穿过了极不平坦的沙漠。但现在请允许我说句俗话,我们到了开始尝到椰子里的浆汁的时候了。我们的理性主义批评家们在这里向我们发起攻击,而要回答他们,我们就必须离开这个枯燥的荒漠转而进入对哲学的另一重要方面作一个充分的考察。

我们对真理的说明是一种多元的说明,有多种在事物中($in$ $rebus$)实现的引导过程,而只有这个共同性质,那就是真理都是**有用的**。它们有用是由于它们能引导我们进入或达到一个系统的某一部分,这个系统在许多点上已经进入感官知觉,我们可以在思想上摹写它或不摹写它,但无论如何我们现在与它已经有了一种可以笼统地称之为证实的关系。对我们来说真理就是表示许多证实过程的一种集合名词,正如健康、财富、力量等是表示与生活相联系的其他过程的名称一样,而且我们追求它们因为追求它们是有

## 第六讲 实用主义的真理观

用的。真理正如健康、财富、力量等一样是在经验过程中**造成的**。

在这里,理性主义立刻会全副武装地反对我们。我可以想象得出理性主义者会说出下面的话:

"真理不是造成的",他会说,"真理是唯一不用随着任何过程产生的关系,而是绝对地获得的,但是它能射中经验的要害,每次都击中实在。我们相信在你那边墙上的东西是一架钟,这个概念早已是真的了,尽管在整个世界历史上没有一个人会去证实它。任何拥有那种超验关系的纯粹性质的思想就是真的,不管是不是有过证实。你们实用主义者把真理的存在寓于证实过程之中,这是把本末倒置了。这些证实过程只是真理存在的信号,只是我们查明事实不完全的方法,而我们的观念的真理性就已经具有这种奇妙的性质。这种性质本身像一切本质和本性一样是永存的。思想直接分有这种性质,正如它分有错误和假象一样。从真理性中绝不可能分析出实用主义的结果来。"

理性主义者的这种激烈的攻击之所以似乎有理,全是由于我们已经充分注意到的那个事实。在我们的世界里,也就是在这个充满了属于同样种类和同样联系着的事物的世界里,一个证实可以适用于同一类的许多其他事物,知道一些事物的重大的用处不只是要引导到这些事物,而且要引导到与它们相联系的其他事物,特别是要引导到人们谈到它们的那些方面。因此,在事物之前(ante rem)获得的真理的性质,在实用主义看来,就在于在这个世界里有无数观念通过间接的或可能的证实要比对它们的直接的和实际的证实所起的作用更好些。因此,在**事前的**真理只是意味着可证实性;否则就意味着老一套的理性主义的伎俩,把现象性的具体实在的**名称**当作独立的先在的实体,并且把这个名称放在现象性实在的背后作为对它的解释。马赫教授引用了莱辛的一段讽刺诗说:

> 聪明的小汉森对他的表哥弗瑞茨说:
> "弗瑞茨表哥,世界上最富有的人拥有最多的金钱,这是怎么回事?"①

221　在这里,汉森把"财富"这个要素看成与一个富有的事实是某种不同的东西,它先于这些事实;这些事实只是符合于富人的本质天性的从属性的东西。

在"财富"的问题上,我们大家都看出这种错误。我们知道财富只是表示在某些人的生活中起一定作用的具体过程的名称,而不是只有像洛克菲勒②和卡内基③这样的人身上才有而我们其他人都没有的天生的杰出本性。

像财富一样,健康也存在于事物之中。虽然在健康这一事例中,我们往往习惯于把健康看作一个要素,说一个人之所以消化好、睡眠好是**由于**他很健康,但健康只是表示顺利进行着的一些过

---

① 马赫在他的《功的守恒定律的历史和根源》中所引的这首短诗是德国剧作家和批评家 G. E. 莱辛(Gotthold Ephraim Lessing, 1729—1781)所作。
② 洛克菲勒(John Davison Rockefeller, 1839—1937),美国金融家、实业家和慈善家。他建立了第一流的石油公司。
③ 卡内基(Andrew Carnegie, 1835—1919),苏格兰出生的英国实业家和慈善家。他靠经营炼钢业而成巨富。

程,如消化、血液循环、睡眠等的名称。

我想,我们对强壮的看法更符合理性主义一些,而且明确地倾向于把它看作在人身上先已存在的长处,可以说明他的肌肉何以具有大力士那样的能力。

对于"真理",多数人完全超过界限,把理性主义的说明看作是自明的。但是所有这些词实际上都同样带有抽象名词的词尾"th"。真理正如其他事物一样并不存在于事物**之前**。

经院哲学家按照亚里士多德的学说,把习惯和行为作了严格区分。健康在**行为**上是指良好的睡眠与良好的消化等等。但是一个健康的人不一定总是表现在睡眠上或总是表现在消化上,正像一个富有的人并不一定总是在摆弄金钱,一个强壮的人并不一定总是在举重一样。所有这些性质在他们不同活动的间歇时间里,都渗入到习惯状态之中;同样,在我们对一些观念和信念进行证实活动的间歇期间,真理也会成为我们这些观念和信念的习惯。但那些证实活动是全部事情的根本而且也是在这些间歇期间有某种习惯存在的条件。

**简单地说,"真"只是我们一种方便的思想方法,正如"对"只是我们的一种方便的行为方法一样**。几乎有任何形式的方便方法;当然应该是从长远的和总体上看来是方便的方法。因为能够方便地适合眼前的一切经验的,不一定同样令人满意地适合后来的一切经验。我们知道,经验总是会超出旧的范围而使我们修正现有的公式的。

"绝对地"真意味着再也没有任何新的经验会改变它了,就是我们想象中有朝一日所有暂时性真理都会聚集在理想的终点。它与绝对智慧的完人完全一致,也与绝对完整的经验完全一致;如果这些理想得到实现,那么,它们也都会统统一起实现。同时,我们今天只能靠今天所能得到的真理过活,而到了明天就可能把它叫做假的。托勒密的天文学①、欧几里得空间、亚里士多德的逻辑学和经院哲学的形而上学在几个世纪以来都是方便的,但是人类的经验已经越出了那些界限,我今天只把这些东西叫做相对真的,或者是在那些经验的界限之内是真的东西。而"绝对地"说,它们都是假的;因为我们知道,那些界限是暂时的,也许过去的理论家就已经超越了这些界限,正如现在的思想家超越了这些界限一样。

当新的经验导致使用过去的回溯性判断时,这些判断所表达的东西**已是**真的,尽管过去的思想家没有谈到过这些东西。有一位丹麦思想家②说过,我们的生活是向前的,但我们的理解是向后的。现在启示我们回顾世界的许多过去的过程,这些过程对于生活在其中的人们来说,可能是真的过程。而对于知道后来显示的历史事实的人来说就不是这样了。

这种对潜在的调整了的较好真理的概念要以后才能确立起来,也可能在某一天绝对地确立起来,并且有回溯性确定真理的能力,像所有的实用主义概念那样,面向具体性事实,面向着未来。

---

① 托勒密(Ptolemy,约 100—170),古希腊-埃及的地理学家、天文学家和数学家,基于相信太阳和行星围绕地球旋转而提出一种天文系统,后来被开普勒所推翻。
② 克尔凯郭尔(Søren Kierkegaard,1813—1855),丹麦哲学家和神学家。他通过《是还是不是》、《恐惧与战栗》、《致死的疾病》等重要著作而成为现代存在主义哲学的先驱。

## 第六讲 实用主义的真理观

绝对真理也像部分真理那样一定是**造成的**,是随着大量的证实经验的增长关系而**造成的**,在这种增长过程中,部分真理的观念也相应地做出它们的一份贡献。

我一直坚持认为,真理大部分是由先前的真理造成的。任何时候的人类的信念都是许多经验**积累起来**的。但是这些信念本身又是整个世界经验中的一部分,并成为以后进一步进行积累的材料。就实在意指可经验的实在来说,实在和人们获得的有关实在的真理都永远是处于变化的过程之中——可能趋于确定目标,但总还是在变化之中。

数学家能用两个变量来解决问题。例如,按照牛顿①的理论,加速度随着距离的变化而变化,但距离也随着加速度的变化而改变。在真理过程的领域中,各种事实都独立地产生并且不时地决定我们的信念。但是这些信念使我们产生行动,而在决定我们的行动的同时,它们又使新的事实出现或存在,这些新的事实又相应地决定我们的信念。这样卷起来的全部真理的线圈和线球,都是双重影响的产物。真理从事实中产生,又投入事实之中而增加了事实;这些事实又创造或显示新的真理(用什么词来表示并不重要),如此等等,以至无穷。事实本身并不同时就是**真的**。它们只是**存在着**而已。真理是信念的职能,信念从事实开始又结束于事实。

这种情况就像滚雪球一样,一方面有雪在四处分布,另一方面

---

① 牛顿(Isaac Newton,1642—1727),英国物理学家和数学家,著有《自然哲学的数学原理》。他被广泛地认为是当时世界最杰出的科学家。

是由于孩子们在不断推动，这两个因素不断地相互作用，共同决定着雪球的增长。

现在可以完全清楚地看出理性主义者和实用主义者的根本区别所在。经验是在变化中，而我们对真理在心理上的确认也在变化中——就此说来，理性主义者是承认的；但是，他们绝不承认无论是实在本身还是真理本身都是可变化的。理性主义坚持认为，实在是完全的，是永远预成的，我们的观念与实在的一致，按照他们已经告诉我们的，是观念的唯一不可分析的品质。观念的真理性就是由于有这样一个内在的优点因而它与我们的经验无关。它并不增加经验的任何内容。它对实在本身并没有造成任何影响；它是附带发生的，没有活力的、静止的，只是一种反映而已。它并不是**存在着**，而只是能够**成立**或**达成**的，它既不属于事实的范围，也不属于事实关系的范围，而是属于完全不同的另一范围，简言之，就是认识论的范围——理性主义便以那样一个大字眼结束了这个讨论。

正如实用主义是面向未来的，理性主义在这里则是面向永恒的过去。理性主义坚守其根深蒂固的习惯，归依于"原则"，以为我们只要对一种抽象加上一个名称，就有了一个神圣的解决办法了。

真理观上的这种根本区别在生活的后果方面具有的重大意义，只能在我的以后几讲才会变得清楚一些。同时我要指出，理性主义的高傲并不能使它免于虚妄。就以此来结束这一讲。

就是说，如果你要求理性主义者不用责备实用主义亵渎了真理概念,而是由**他们自己**来定义真理概念,确切地说出**他们理性主义者**对真理的理解,那么,我能够想到的肯定的意见只有以下两点:

1. "真理是无条件地要求承认其有效性的命题系统。"*

2. 真理是我们出于一种至上的责任而必须作出的那些判断的名称。**

这样两个定义使我们首先得到的印象就是它们的那种无法形容的浅薄。当然,这种定义绝对是真的,但也是绝对无意义的,除非你用实用主义的方法来运用它们。这里所谓"要求"、"责任"是什么意思呢?作为说明为什么以真的方式思考是对人最为方便的,也是最好的具体理由的概括性名称,谈到在实在方面,有被符合的要求,在我们这方面则有与之符合的责任,这些都是对的。我们感到这种要求和责任,但我们正是出于这些理由才感到这种要求和责任的。

然而,理性主义者在谈到要求和责任时,**明确地说它们与我们的实际的利益或实际的理由没有任何关系**。他们说,我们要求符合的理由是心理的事实,与每一个思想者有关,与他的生活中的各种偶然事件有关。这些心理事实只是思想者的证据,而不是真理本身生命的构成部分。真理的生命本身是在纯粹逻辑的或认识论的范围内活动,它不同于心理学的范围,真理的要求先于并超越任何个人的动机。虽然不应当由人或上帝来确定真理,但真理这个

---

\* A. E. 泰勒,《哲学评论》,第 14 卷,第 288 页。[译按:泰勒(Alfred Edward Taylor, 1869—1945),英国哲学家。]

\*\* H. 李凯尔特,《认识的对象》(*Der Gegenstand der Erkenntniss*)中讨论"判断的必然性"的一章。[译按:李凯尔特(Heinrich Rickert, 1863—1936),德国哲学家。]

词仍然必须定义为**应当**确定和承认的东西。

要说明一个观念从具体的经验中抽象出来然后又用它来反对和否定从中抽象出来的这些具体经验,再也没有比这更好的例子了。

在哲学和日常生活中有大量类似的实例。"情感主义的谬误"就是对正义、慷慨、美等抽象的品质感动落泪,但由于社会环境使这些品质变成平民百姓的世俗之见因而当你在大街上遇到它们时,却完全不认识它们了。例如,我在一本私人印刷的著名理性主义者的传记里,读到这样的话:"奇怪的是,我的哥哥对抽象的美极为赞赏,但他对优美的建筑、美妙的绘画,对美丽的花卉却毫无热情。"在我最近读到的哲学著作中有这样一段话:"正义是理想,仅仅是理想。理性认为它应当存在,但经验表明它不可能存在……真理是应当有的,但却不可能有……理性被经验歪曲了。理性一旦进入经验,就成了与理性相反的了。"

这里的理性主义的谬误恰好与情感主义的谬误一样。这二者都从杂乱的特殊的经验中抽出一种性质,在抽出之后,他们发现这种性质非常纯粹因而把它与一切杂乱的实例相对照,认为它是一种相反的和更高的本质。其实它一直就是**它们的**本质。它是需要确认,需要证实的真理的本质,它是为我们的观念得到证实付出的代价。我们追求真理的责任是我们应做有利之事的总的责任的一部分。真的观念给我们带来的好处就是我们之所以有责任追求它们的唯一理由。相同的理由也存在于追求财富和健康的情况中。

真理提出的要求以及使人应负的责任与健康和财富提出的要

求和应负的责任是一样的。所有这些要求都是有条件的;我们所获得的具体利益就是我们把这种对真理的追求称之为责任的意思。就真理来说,归根到底,不真的观念会起有害的作用,正如真的观念会起有益的作用。抽象地说,"真"的性质可以说变得绝对的可贵,而"不真"的性质则变得绝对的可恶:"真"的性质可以无条件地称为"好的","不真"的性质则无条件地称为"坏的"。我们应当想真的,应避免假的,这是天经地义的。

但是,如果我们刻板地对待所有这种抽象并且把它同它在经验中的出生地对立起来,那么看一看我们自己会陷入一种多么荒谬的境地。

那样一来,我们的实际的思考就不可能迈出一步了。我应在什么时候承认这个真理,什么时候承认那个真理呢?承认这种真理是应当大声地还是默不作声地呢?如果有时是大声地,有时是默不作声地承认,那么**现在**该用什么声音呢?什么时候可以把一个真理放到百科全书里保存起来呢?什么时候应当把它拿出来投入战斗呢?"二乘二等于四"这个真理是永远要求得到承认的,因此我们必须不断地重复它呢,还是有时不重复也无关紧要呢?是否因为我真的有一些个人的罪孽和过失,我的思想中就必须日日夜夜不断地想着它们呢?或者为了做一个体面的社会一员我就可以不考虑或不管它们,而不是陷入种种病态的忧郁和忏悔呢?

十分明显,我们承认真理的责任绝不是无条件的,而是完全有条件的。真理这个以大写的"T"开头而又是单数的词,当然要求抽象地得到承认;但是,以复数表示的各种具体的真理只有在承认它们是方便的时候才需要得到承认。当一个真理和一个错误二者都与一种具体情况相联系时,我们必定总是宁要真理不要错误;但是在二者都不与一种具体情况相联系时,选择真理就和选择错误一样不是一种责任。如果问我现在是几点钟,而我却告诉你我住在爱尔汶街95号,我的回答可能的确是真的,但是你看不出我有什么责任要作这样的回答。说一个错的地址也同样未尝不可。

由于我们承认有许多条件限制抽象律令的应用,**实用主义对真理的看法就会得到充分有力的支持**。因此,我们与实在相符合的责任就被看作是建立在大量具体的方便办法的基础上的。

以前在贝克莱向人们说明应当如何理解物质的意义时,人们都认为他否定了物质的存在。现在席勒和杜威两位先生向人们解释如何理解真理的意义时,人们就责备他们否认了**真理**的存在。批评家们说,这些实用主义者毁掉了一切客观的标准,而把愚昧和智慧放在同一水平上。人们用他们喜欢的公式来描述席勒先生和我的理论,说我们就是那样一种人,这种人认为只要说些你感到有趣的话,并把它叫做真理,你就满足了一切实用主义的要求。

这种说法是不是一种无礼的诽谤,我把它留给你们自己去判断。实用主义者比其他任何人更了解他自己是被包围在艰难地从过去取得的全部积累的真理和他周围的感觉世界的制约之中的,谁还能像实用主义者那样清楚地感到我们的心灵活动所受到的客观控制的巨大压力呢?爱默生[①]说,如果有人认为这个法则太宽松,那就让他把这法则的戒条遵守一天试试看吧。近来我们常常

---

① 这段引文来自爱默生(Ralph Waldo Emerson, 1803—1882)的论文《依靠自己》。

听人们说到在科学中运用想象力的问题。现在也正是劝告人们在哲学中运用一点想象力的时候了。我们的批评家们不愿意认真读一读我们的陈述,却说其中只有最糊涂的意义,就我所知,他们是最近哲学史上最缺乏想象力的人了。席勒说,真的就是"有效用的"。因此,他就被人们当成是把证实限制在最低级的物质功利上的人了。杜威说,真理是使人"满足"的东西。人们就以为他相信凡是使人感到愉快的一切事物,就叫做真的。

我们的批评家的确需要有对实在的更多的想象力。我曾经真诚地使自己尽量发挥想象力,尽可能从最好的方面去了解理性主义观念的意义,但我必须承认,它仍然使我感到无奈和失望。我感到莫明其妙的是这样一种实在的概念,它要求我们与之"相一致",没有任何理由,仅仅由于它的要求是"无条件的"或"超验的"。我试图把我自己想象为这个世界上的唯一实在,然后想象,如果容许提出要求的话,我还能更多地"要求"些什么。如果你们提示说,我可以要求从虚空中产生一个心灵来**模仿**我,我固然能够想象到这种模仿会意味着什么,但却想象不出有什么动机。如果明确地和在原则上排除了进一步的后果作为这种要求的动机(如我们的理性主义的权威排除这些进一步的后果那样),那么我就想象不出我被模仿会对我有什么好处,或者对模仿我的那个心灵有什么好处。当爱尔兰人坐着两个人抬的没底的轿子去赴宴时,他对随他一道去的赞赏者说:"天哪,如果不是为了顾全这件事情的信誉,我宁肯徒步走着去。"在这里也是这样:若不是为了顾全这件事情的信誉,我宁愿不被模仿。模仿是一种真正的认识方式(由于某种奇怪的理由,我们的当代先验主义者们却翻来覆去地否认这种认识方式);但是,如果我们脱离模仿,回到没有明确说明的符合形式上,它的确既不是模仿,又不是引导,也不是适合,或其他任何可用实用主义方式确定的过程,那么这种要求的"符合"**是什么**以及"为什么"符合,就都成了不可理解的了。无论是它的内容还是它的动机都是无法设想的。这是一种绝对无意义的抽象。\*

的确,在这个真理领域里,宇宙合理性的更真诚的维护者是实用主义者,而不是理性主义者。

---

\* 我还记得李凯尔特教授在很久以前就放弃了建立在与实在相符合基础上的整个真理概念。在他看来,实在是任何与真理相符合的东西,而真理是完全建立在我们的基本责任之上的。这种想入非非的奇思妙想连同乔其姆[①]先生在他的《真理的本性》一书里坦率承认的失败,在我看来,标志着理性主义在处理这个问题上的失败。李凯尔特在他称之为"相对主义"的标题下,谈到了部分实用主义的观点。我不能在这里讨论他的论述。但只说一点就够了:像他这样一个普遍认为很有能力的作者在那一章里的论点是那样地脆弱,似乎是令人难以置信的。

① 乔其姆(Harold Henry Joachim,1868—1938),英国哲学家。他在他的著作《真理的性质》中力主真理的融贯论。

# 第七讲　实用主义与人本主义

我在上次讲演中所描述的那种使每一个人都感到冷酷的真理观就是那种典型的种族假象，这样的**唯一**真理概念，被人们看作是对所相信的世界提出的唯一固定的谜的唯一决定性的、完满的解答。按照一般的传统，如果这种解答是玄妙莫测的，以致它本身也成了使人感到惊讶的一个第二级的谜，它没有揭示，反而掩盖了世界所包含的奥秘，那么这样的解答倒反而显得更好一些。所有用单独一个大字眼对宇宙之谜所作的解答，如"上帝"、"一"、"理性"、"规律"、"精神"、"物质"、"自然"、"极"、"辩证法"、"理念"、"自我"、"超灵"等，无一不是因为这种玄妙莫测的作用而受人们的大肆赞赏的。无论是哲学上的专门学者还是一般哲学爱好者都把宇宙描绘为一种奇怪的令人不可捉摸的斯芬克斯，它引起人们兴趣的地方就在于人们可以不断地要求它表现它的神奇的预言能力。**唯一的**真理，这是理性主义者心中的一个多么完全的偶像！我曾在一位颇有才华而过早去世了的朋友的信中读到这样的话："在科学、艺术、道德和宗教等无论哪个领域，都**必定**有一个系统是正确的，而**其余**的都是错误的。"这多么鲜明地表现出某种少年时代的热情奔放的特征啊！一个21岁的人，发起这样一个挑战，想要找到这样一个系统。但我们多数人，就是到了后来，也绝不会想到"唯一的真理是什么"？这个问题并不是一个真正的问题（因为它与一切条件都没有关系），而且整个**唯一真理**的概念是从众多真理这个事实中抽象出来的，正像我们说**唯一**的拉丁语或**唯一**的法律一样，只是一个有用的概括性说法而已。

按习惯法办案的法官有时谈到唯一的法律，学校教师有时谈到唯一的拉丁语，好像要使听到他们这样说的人知道，在他们进行判决以前或使用词句和句法以前就先已存在这种法律和拉丁语的实体，明确地决定了他们的判决和谈话，并且要求他们服从这种先在的唯一法律和拉丁语。但是只要我们稍加思索就会知道，法律和拉丁语都不是这样一种本原而是结果。行为上合法与不合法的差别，话语上正确与不正确的差别，都是在人类的经验的相互影响之下随之发展起来的；信念上的真与假的差别，也是这样发展起来的。习惯用语连接在先前的习惯用语上，法律连接在先前的法律上，同样，真理连接在先前的真理上，并且在这个过程中改变了先前的真理。有了先前的法律，加上新的案例，法官就会把它们融合在一起，形成新的法律。有了先前的习惯用语，又遇上投合公众口味的新的俚语、比喻、奇言妙语，就会很快产生一种新的习惯用语。有了先前的真理，再遇上新的事实，我们就会又发现新的真理。

然而，我们却一直妄称，永恒的事物正展现出来，先前的正义，先前的语法或真理都是骤然闪现出来的，而不是逐渐造成的。但试想一下，假如一个青年法官在法庭上用他的抽象的**唯一的**法律观念来办案，或者一个语言学家在公共场所大谈他的唯一的母语观念,或者一个教授用他那种理性主义的唯一真理的观念来讲述实际的宇宙,那么,他们会有什么进展呢? 只要一接触新的事实,他们的抽象的真理、法律、语言就蒸发得无影无踪了。这些东西都是随着我们前进而不断**造成的**。我们的是非、禁令、惩罚、词汇、形式、习惯用语、信念等等都是随着历史的进展而日益增多的新的创造。法律、语言、真理绝不是赋予这些过程以生命的先在的本质,而只是表示这些过程结果的抽象名称。

因此,我们无论如何都要把法律和语言看作是人造出来的东西。席勒先生就把这种类比用到信念上,认为在某种程度上我们的各种真理也是人造的产物,并且提出用"人本主义"这个名称来表示这种理论。人的各种动机加深了我们的一切问题,人的满足贯穿着我们的一切答案。我们所有的公式都受到人的打造。这种人的因素如此不可避免地存在于所有这些产物之中,以致席勒有时几乎要留下一个公开的问题:除了这种"人的因素"以外,是否还有什么别的东西? 他说:"世界基本上材料(ὕλη),是我们把它造成这个样子的。如果要按照它'原本是什么'或者'离开了我们它会是什么'来定义它,那是毫无结果的;我们造成它是什么样的它就是什么样的,因此,……世界是**可塑的**。"\* 他又说,我们只能通过试验才能知道这可塑性的限度,而且我们应该就当它是完全可塑的那样着手,在方法论上按照这种假设来做,直到真的行不通时才罢休。

---

\* 见《人格唯心论》(*Personal Idealism*),第 60 页。

这是席勒先生人本主义立场的开宗明义的声明,而这竟然使他受到了严厉的攻击。我想在这一讲对人本主义立场进行辩护,所以在这里要作一点说明。

席勒先生也同任何人一样着重地承认在创造真理的每一种实际经验中都存在着阻碍的因素,这是新产生的具体真理必须考虑到,也必须与之相"符合"的因素。我们的一切真理都是有关"实在"的信念;而在任何一个具体的信念中,实在总是作为某种独立的东西,作为某种**被发现**的东西,而不是作为被制造出来的东西出现的。在这里,我们可以回顾一下我的上一讲的内容。

"实在"**一般是真理所必须考虑的**。\* 从这一观点来看,实在的第一部分是我们的感觉之流。感觉是强加于我们的,我们不知道它从何而来;对感觉的性质,次序和分量我们同样无法控制。感觉无所谓真假;它们只是**存在着**。真假只是我们对感觉的说法,只是我们给予感觉的名称,我们对于感觉的来源、本性和深远的关系的理论才会有真或不真的问题。

实在的**第二部分**是我们的信念也同样必须认真考虑的,那就是我们的各种感觉之间以及这些感觉在我们心中的摹本之间所具有的**关系**。这一部分又可分为两个从属部分:(1)可变的和偶然的关系,如与时间和地点的关系;(2)固定的和本质性的关系,因为它们是建立在各项感觉的内在本性上的。这两种关系都是直接知觉的材料。二者都是"事实"。但是对我们的认识论更为重要的实在

---

\* 泰勒先生在他的《形而上学原理》(*Elements of Metaphysics*)中使用了这个卓越的实用主义的定义。

的从属部分是上述两种事实中的后一种事实。所谓内在关系也就是"永久的"关系,无论什么时候,只要把相关的可感的各项相比较,就能感知到这种关系;这种关系是我们的思想——所谓数学的和逻辑的思想——必须永远考虑的。

实在的第三部分,除了这些知觉以外(虽然大部分仍然基于这些知觉),就是我们的每一个新的探索都必须考虑的**先前的真理**。这第三部分中很少有冷峻的因素:它往往总是以让步结束。在谈到这三部分实在总是在支配着我们的信念的形成这点上,我只是把上一讲中已经讲过的再提醒你们一下罢了。

实在这些因素不管是多么固定,但我们仍然有对付它们的一定的自由。就拿我们的感觉来说,**那种感觉**的存在,无疑是我们不能加以控制的,但是我们的决定注意**哪个**、指定**哪个**、着重**哪个**,则要取决于我们自己的兴趣;我们的着重之点放在这里还是那里,我们所得的对真理的看法就非常不同。同一个"滑铁卢之战",固定的情节完全一样,英国人看来是"胜利",而法国人看来则是"失败"。同样的宇宙,乐观主义的哲学家把它看作是胜利,而悲观主义的哲学家则把它看作是失败。

因此,我们对实在有什么样的看法,就要看我们通过什么视角来看待它。实在的**存在**是它本身的事;但实在是**什么**则取决于用**什么样**的视角;而采取什么样的视角则要取决于**我们**自己。实在的感觉部分和关系部分都是无声无息的;它们绝对不可能说自己是什么。正是我们才是为它们说话的人。正是由于感觉本身这种无声无息情况竟然使格林和凯尔德这样的理智主义者要把感觉排除在哲学认识的范围之外,但实用主义者却不走这样的极端。一种感觉就像一个诉讼委托人,他把案件委托给辩护律师,然后就在法庭上静静地听着律师按照他认为最方便的方式代他陈述案情,无论陈述得合意还是不合意。

所以,即使在感觉的领域里,我们的心也能进行一定的任意选择。按照我们的包容和舍弃,我们可以划出这个领域的范围;按照我们着重的程度,我们可以标示出这个领域的显著部分和背景部分;按照我们安排的次序,我们可以从这个方向来看它,也可以从那个方向来看它。总之,我们接受到的是一块大理石,而把它雕琢成石像的是我们自己。

上面所说的这种看法也适用于实在的"永久部分"。我们对于内在关系的知觉同样也可以自由地变换,自由地安排:我们可以以不同的系列顺序来辨别它们,可以以不同的方式对它们进行归类,可以把任何一种关系看成更为基本的,直到我们对它们的信念构成了真理的各种系统,如逻辑学、几何学、算术学等等,在所有这些系统中,构成整体的形式和秩序都明显是由人造成的。

因此,人类早已把他们的思想形式印在实在的第三部分(被我称之为"先前的真理")上,更不用说人类通过自己的生活行为对实在的材料不断增加新的**事实**了。每时每刻都有对实在的新知觉,都有对它自身的感觉和关系的新的事实,需要我们认真地加以考虑。但是,我们**过去**处理这些事实的全部经验已经储存在"先前的真理"之中了。所以,在实在的前两个部分中只有极小的和最新的一小块没有受到人的接触,而且即使这一小块也必定很快成为人性化了的东西,就是说它要和已经被人性化的大部分实在相一致、相同化或者相适应。事实上,如果我们对于可能会有些什么样的

## 第七讲 实用主义与人本主义

印象没有一个预先的概念,我们就不可能取得任何印象。

所以,如果要说什么独立于人的思维而存在的实在的话,那么这种实在看来是很难找到的。这种独立存在的实在概念只能是指刚刚进入经验尚未取名的某种东西,或者是经验中某种想象的原始的存在,是我们对它还没有产生任何信念,还没有使用人的任何概念之前的这种存在。它是绝对无声无息的、虚幻的,只是我们心灵的理想的极限。它可能在我们面前隐约闪现,但我们却绝不可能把握住它,我们能够把握住的总是已经由人的先前的思维煮过、烹饪过,供我们消化的替代物。如果可以允许我们用非常粗俗的话来讲,可以说无论在哪里找到它,它都是**改头换面了**的。席勒在说到独立的实在只是一块毫无阻力的材料,**只是**供我们随意塑造的时候,他说的正是这个意思。

这就是席勒先生关于实在的可感觉核心的信念。用布拉德雷先生的话来说,我们"遇到"它,但并不拥有它。表面上听起来这很像康德的观点;但是在自然界开始之前就突显的范畴与在自然界的存在之中逐渐形成的范畴,这二者之间就存在着理性主义和经验主义之间的整个鸿沟。在真正的"康德主义者"看来,康德与席勒相比,简直有天壤之别。

其他实用主义者可能对实在的可感觉核心有更加肯定的信念。他们可能以为只要去掉层层的人造的包装,就可以达到实在的独立本质。他可能建立一些理论,告诉我们实在从哪里来以及实在是什么;**如果这些理论能够令人满意地生效,那么它们就是真的**。先验唯心主义者说,并不存在什么可以感知的实在的核心,最终完成的包装同时就是实在和真理。墨守成规的哲学仍然宣扬说,这个核心就是"物质"。柏格森教授①、海曼斯②、斯特朗③等都相信这种核心并且勇敢地试图定义它。杜威和席勒二位先生则把它看作是一种"极限"。所有这些以及其他类似的不同说法,除非最终证明有一个是最令人满意的,否则哪一个是最真的呢?一方面会有实在,另一方面又要有对实在的完满得无以复加、不可更改的解释。如果这种不可能再加完善和更改的解释是永恒的,那么这个解释的真理性就是绝对的了。除此以外,我再也找不到别的真理的内容了。如果反对实用主义的人认为还有别的意义,那么务必请他们摆出来,请他们也让我们见识一下吧!

既然包含着人的因素的不是实在的**存在**,而只是我们关于实在的信念,但只有在有什么东西可以认识这个意义上,这些人的因素才会**认识**那些非人的因素。就像问道"河流与堤岸,是河流造成堤岸,还是堤岸造成河流?一个人走路,主要是用右腿还是左腿"?其实,这两者不可能分开,正如在我们的认知经验增长的过程中不可能把实在因素和人的因素分开来一样。

以上所说,就是对人本主义立场的初步的简要陈述。这种陈述是不是显得自相矛盾?如果是这样,那我就再举几个例子来把它说清楚,使大家对这个问题有更充分的理解。

在许多常见的事物中,我们每个人都会认出这个"人的因素"

---

① 柏格森(Henri Bergson, 1859—1941),法国哲学家,有大量著作。在《创造进化论》这一著作中,他强调直觉高于理性,相信"生命冲动"激发并形成物质。

② 海曼斯(Gerardus Heymans, 1857—1930),荷兰哲学家和心理学家。

③ 斯特朗(Charles Augustus Strong, 1862—1940),美国哲学家。他在《为什么心灵有一个肉体》一文中认为我们所能认识到的唯一实在在本质上是精神性的。

来。我们可以设想一个实在以不同的方式适应我们的目的，而且这个实在只是被动地适应我们的概念。你可以把27这个数字当成3的立方，或者作为3和9的乘积，或者作为26**加**1的和，或者作为100**减**73的差，或者别的无数其他同样都是正确的方式。你可以把一个棋盘看作是白底上有黑方框，或者看作是黑底上有白方框，无论哪一种看法都不错。

再看这个附图。你可以把它看作是一颗星，或者当作是两个互相交叉的大三角形，或者是一个正六边形的各边在顶角的延长，或者六个相等的等边三角形的底尖相接，等等。所有这些看法都是真的看法——纸上可感觉的**那个**图与这些看法的任何一个都毫无抵触。你可以说一条线是向东的，也可以说它是向西的，这两种说法我本人都能接受，都不觉得有任何矛盾。

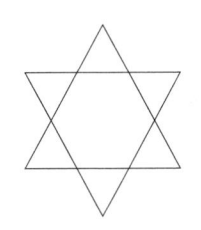

我们把天上一群一群的星星划分开来，称之为星座，这些星星都耐心地听从我们的划分和排列——尽管它们当中有某些星星如果知道我们在干什么，也许会对我们为它们搭配的伴侣感到异常惊讶。对同一个北斗星座，我们还用不同的名称来称呼它，把它叫做"查理的战车"，又叫做"大熊星座"，又称它为"长勺星座"。这些名称没有哪一个是假的，都同样是真的，因为全都是适用的。

在所有这些例子中，我们都对某种可感的实在作了一种人为的**附加**，而那个实在也都容忍了这种附加。所有这些附加都与这个实在相"一致"；它们都与这个实在相适合，并且还丰富了这个实在；它们没有一个是假的。哪一个可以被看作**更真**一些，完全取决于人对它的使用。假如 27 是指我在抽屉里发现的钱数,原来我放在那里是 28 元,那么这 27 便是 28 减 1。假如这 27 是一块板子的寸数,我想用它作为装在 26 寸宽的橱柜上的架子,那么这个数便是 26 加 1。假如我想使天空的星座显得高贵一些,那么"查理的战车"这个名称就要比"长勺"更真一些。我的朋友迈尔士①就会幽默地感到愤愤不平,说为什么这样美妙的一群星星只是使我们美国人联想起厨房里用的勺子呢?

　　总之,我们应当把一个**事物**叫做什么?看来这完全是任意的,因为我们可以划分出任何东西,正像我们划分出星座一样,都是为了适合我们人的需要。对我来说,这里的整个"听众"就是一种事物,它一会儿嘈杂不安,一会儿又专心致志。现在我用不着想到听众中的每一个单个成员,所以我也就不考虑他们。一个"军队",一个"国家"也是如此。但是,女士们,先生们,在你们看来,把你们叫做"听众"只是一种偶然的叫法。对你们来说,永恒实在的事物就是你们作为个体的人。再比如说,在一个解剖学家看来,那些人只不过是一些有机体,而实在的事物则是种种器官。而在组织学家看来,实在的事物又不是器官,而是作为组成成分的细胞;可是化学家又说,实在的事物不是细胞,而是组成细胞的分子。

　　因此,我们可以随意地把可感的实在之流分割成各种事物。我们创造出我们的各种真的和假的命题的主项。

　　我们也创造各种谓词。许多事物的谓词只是表达这些事物同

---

①　迈尔士(Frederic William Henry Myers, 1843—1901),英国作家和心理学家。

我们的关系以及同我们的感觉的关系。这样的谓词当然是人的附加。恺撒渡过卢比孔河,他是对罗马自由的威胁。由于他的作品很难懂,使美国的学生都怕读它,所以他也成了美国学生讨厌的人。全面增加的这个谓词也和前面的谓词一样都适用于他,都是真的。

你们可以看到,一个人能够多么自然而然地达到这个人本主义的原则:人的贡献是不可能抹杀的。我们的名词和形容词都是人化了的珍宝,在我们用这些名词和形容词造成的各种理论中,一切内在的秩序和编排全都是受人的考虑所支配的,其中理智上的融贯一致也是人的考虑之一。数学和逻辑学本身就充满了人的反复编排;物理学、天文学和生物学也有大量遵循人择的线索。我们带着我们的祖先以及我们自己已经造成的种种信念投入到新的经验领域;这些信念决定我们关注什么;我们关注什么决定我们去做什么;我们做什么又决定我们有什么样的经验。这样由此及彼,陈陈相因,虽然**有一个可感的实在之流这个顽强的事实仍然存在,但适合于它、使它为真的**,从头至尾,主要都是我们自己创造的东西。

我们不可避免地增加了这个实在之流。重要的问题是:这个实在之流由于我们的增加,**在价值上是提高了还是降低了**呢?这种增加是**有价值**的,还是**没有价值**的呢?假定宇宙是由七颗星、三个观察者和它们的一位鉴定者所构成。一个观察者把这七颗星叫做"大熊",另一位观察者把它们叫做"查理的战车";还有一个观察者把它们叫做"长勺"。那么,究竟哪一种人为的增加使这种由一定天体材料构成的宇宙成为最好的呢?如果迈尔士是鉴定者的话,他一定会说美国观察者的那种增加"在价值上是最低的"。

洛采在好几个地方都作了深刻的提示①。他说,我们天真地假定了在实在和我们的心智之间的一种关系,这种关系可能正好与真实的关系相反。我们会很自然地认为,实在是现成的、完全的,我们的理智具有的一个简单的任务就是描述已经现成的实在。但是,洛采问道,难道我们的描述本身不就是对实在的重要增加吗?难道不能说,先已存在的实在本身不是为了原封不动地在我们的认识里得以再现,而是为了刺激我们的心智使它产生的增加能够提高宇宙的整个价值吗?欧肯教授②曾在一个地方用"**提高已被发现的存在**"这样一句话,它使人想起伟大的洛采的这个提示。

这也完全是我们实用主义的看法。在我们的认识生活和实际生活中,我们都是有创造力的。我们对实在的主项和谓项部分均有**增加**。世界的确是可塑的,它有待我们对它作最后的修饰。像天国一样,世界也是甘心情愿地受到人类的践踏。人类在世界上**造成真理**。

谁也不会否认,这样一种作用会使我们思想家的荣耀和责任都增加了。对我们中某些人来说,它表明了一个最振奋人心的概念。意大利的实用主义的领袖巴比尼鉴于这种概念展现人们神圣的创造功能而表现出极大的热情。

实用主义和理性主义之间有重大意义的差别现在可以完全看

---

① 洛采(Rudolf Hermann Lotze, 1817—1881),德国哲学家。他在《逻辑学纲要》和《哲学全书纲要》中论述了对象世界不是存在的世界,而完全是自行完成的,是通过观念化过程而形成的。

② 欧肯(Rudolf Eucken, 1846—1926),德国哲学家。

## 第七讲 实用主义与人本主义

清楚了。根本的差别就是:**对理性主义来说,实在永远是现成的、完全的;而对实用主义来说,实在则是不断造成的,它的一部分状况有待将来形成。**一方认为宇宙是绝对稳固的,另一方认为宇宙还是在进行历险。

由于这种人本主义观点,我们曾遭遇到许多麻烦,围绕着它产生许多误解,这并不奇怪。有人指责它是一种变幻无常的理论。例如布拉德雷先生就说,一个人本主义者,如果了解他自己的理论,就一定会认为,"任何一个目的,不管多么反常,只要我本人坚持它,就是合理的,任何观念,不管多么荒谬,只要有人坚持地认为它是真理,它就是真理了。"人本主义对"实在"的观点,认为实在是稳固的,但又是可塑的,它是控制着我们的思维必须不断地加以"考虑"的动力(虽然并不一定是单纯的**摹写**),显然,要把这种观点介绍给初学者是有困难的。这种情况使我想起了我亲身经历的一件事。有一次,我曾经写过一篇关于信仰的权利的论文。倒霉的是,我用了"信仰的**意志**"这个标题。所有的批评者都抛开文章本身,专门攻击这个标题,说它不仅在心理上是不可能的,而且在道德上也是不正当的。他们还挖苦地提出把它改为"欺骗的意志"、"装假的意志"。

**根据上述情况,实用主义与理性主义二者孰优孰劣,已不是一个认识论的问题,而是关于宇宙本身的构造问题。**

在实用主义方面,宇宙只有一个版本,它是未完成的,在各方面都在成长着,特别是在思维着的人起作用的地方更是如此。

在理性主义方面,宇宙有多种版本。只有一个版本是实在的、有无限页码的,是**精装**的、永远完全的;其余的都是有限的版本,充满了各种错误的和歪曲的内容,又是残缺不全、支离破碎的。

这样,我们又回到了多元论和一元论这两种对立的形而上学的假设。在这一讲的剩下的时间里,我要进一步论述一下它们的差别。

首先,我要指出,任何人在这两方面进行选择时,都必须看到一种气质上的差别。一个彻底的理性主义者,总是带有空谈理论和主观武断的倾向;"**一定是**"这个词总不离口。他的宇宙是很严密的,他的宇宙的"肚带"总是勒得紧紧的。另一方面,一个彻底的实用主义者总是无忧无虑、豁达大度的,像无政府主义者那样一种人物。如果他必须像第欧根尼①那样住在木桶里,尽管桶箍松动,板缝透光,他也毫不在乎。

这样一种宽松的宇宙观念会激怒典型的理性主义者,正像"出版自由"会激怒俄国的书刊检查局的老检查官,"简化拼写"会激怒年长的女教师,或成群的新教教派成员会激怒天主教徒一样。在理性主义者看来,这种宽松的宇宙观念简直毫无骨气,毫无原则,就像一个旧式的法国正统派或盲目信仰神圣民权的人看待政治上的"机会主义"一样。

按照多元论的实用主义,真理是在一切有限的经验里生长起来的。它们互相依靠,但它们所构成的整体,如果有这样的整体的话,则无所依托。一切真理都以有限的经验为"家";而有限的经验

---

① 第欧根尼(Diogenes,约公元前412—前323),古希腊的犬儒主义者。他倡导道德生活是简朴的生活,据说他住在一只木桶里,还据说他大白天打着灯笼为一个诚实的人引路。

本身则无家可归。除了这个经验之流以外,没有什么东西能保证它的产生;它只能指望从内在的约束和潜力得到拯救。

但从理性主义看来,这样描述的世界简直就是一个在空中漂泊流离的世界,是一个既无大象可依、又无巨龟可托的无依无靠的世界。这世界就是一群抛撒在天空的星球,就连一个引力中心都没有。诚然,在另一些生活范围,我们已经习惯于生活在一种相对不稳定的状态之中。"国家"的权威、绝对的"道德律"的权威已经变成权宜的手段,神圣的教堂已变成"公共集会的场所"。虽然在哲学的课堂上还不至于如此,但宇宙的真理居然要由**我们**出力加以创造,世界成了听凭**我们的**机会主义和我们的私人判断加以处置的世界!相比之下,爱尔兰的地方自治也会成为千年王国。我们不能充当这样一个世界中的角色,正像菲律宾的土人不能充当自治政府的角色一样。这样一种世界,在哲学上就没有什么**值得尊重**的了。这样一种世界在大多数哲学家看来,简直就像没有枝叶的树干,没有戴上套圈的狗一样。

那么照这些哲学教授看来,究竟靠什么来使这种松散的宇宙变为紧密的呢?

在他们看来,一定有某种东西支持着这有限的、多样的世界,维系它,统一它,固定它。一定有某种不受意外事故影响的、永恒不变的东西。经验中可变的东西必须建立在永恒不变的基础上。在我们的"事实的"世界、活动中的世界背后,一定有一个"**法则上**"对应的、不变的、先在的世界,而且在"事实的"世界可能发生的事物一定先已在"法则的"世界上**潜在地**(*in posse*)存在了,每一滴血、每一个最微小的事项都一定是预定的、必备的,已经打上印记,标明了的,绝没有任何变动的可能。在这个事实的世界上使我们的理想遭到否定的,一定是在那个绝对实在的世界里已被否定了的。唯有这个绝对的实在才使这个宇宙成为稳固的。这是静止的深渊。我们居住在波涛滚滚的表面上;但我们凭借这个基础,才得以靠住稳固的岩基。这就是华兹华斯所说的"深藏在无穷的烦乱中的永久的平静",也正是我曾读给大家听过的印度哲学家维韦卡南达的神秘的"一"。这是以大写的"R"开头的真正的实在、永恒的实在、颠扑不破的实在。这就是那些高喊原则的人,而且一般也包括我在第一讲称之为柔和气质的人认为必须设定的先决条件。

而正是这一点,是我在那一讲称之为刚毅气质的人认为是荒唐的抽象崇拜的东西。刚毅气质的人就是唯一相信**事实**的人。正如我在青年时代的老朋友哈佛大学的有名的经验主义者赖特①经常说的那样,在纯粹现象的事实背后,**什么也没有**。当一个理性主义者坚持说在事实的背后存在着事实的**根据**,事实的**可能性**时,刚毅的经验主义者便指责他只是把事实的名称和性质当作事实背后的、使事实成为可能的对应的实体。的确借助这种虚假根据的说法真是太常见了。有一次,在一个外科医生做手术时,我就听到旁边的一个人问他为什么病人呼吸那么深沉,这位医生回答说,"因为乙醚是一种呼吸兴奋剂"。那个人听了这个回答便说了声"噢!"似乎得到了一个满意的解释。但是,这种解释就如同说氰化钾之

---

① 赖特(Chauncey Wright, 1830—1875),美国数学家和哲学家,去世前数年任教于哈佛大学。

所以能杀人,因为它是一种"毒药",或者说今天这么冷,因为这是"冬天",我们有五个手指头,因为我们是"五指动物"。这些都只是事实的名称,从事实取得名称,然后就把它当作先于这些事实并解释这些事实的实在。在彻底的刚毅气质的经验主义者看来,柔和气质的人所说的绝对实在的概念正是按照这个模型构造出来的。这种实在只是我们对大量扩展开来的现象和串联起来的现象的整体的一种概括性的名称,但却被看作是一个不同于这些现象的实体,既是唯一的又是先在的实体。

从这里你们可以看到,人们对事物的看法是多么的不同。我们所居住的世界是以无数的**各种各样**形式分散地存在着,又以各种不同方式和不同程度相结合而存在着;刚毅气质的人完全愿意以这样一种方式来看待它们。他们能够**坚守**这样一种世界,他们的气质很能够适应这种世界的不稳定状态。而柔和气质的这一派人却不是这样。他们一定要在我们自己所生活的世界背后找到"另外一个更好的"世界,在这个更好的世界里,各种各样构成了一种整体,而整体又构成了"一",而这个"一"则逻辑地预设了、包含了并保证了**各种各样中的**每一个,毫无例外。

那么,我们实用主义者是否必须是一个彻底的刚毅气质的人,或是亦可把绝对版本的世界看作是一种合理的假设呢?我们说,这种假设肯定是合理的,因为,不论对它的抽象的或是具体的形态,我们都是可以设想的。

我说的抽象地看待它,意思就是把它放在我们的有限生活的背后,就像我们把"冬天"这个名词放在今晚天气冷的背后那样。"冬天"只是表示某些日子的名称,对这些日子我们一般用"天气冷"来表征，但也不保证一定都是寒冷的，因为第二天我们的气温表也可能会飙升到华氏 70 度以上。然而，如果把这个名词放到我们的经验之流中，那么它还是一个很有用的词。它可以排除某些可能，而肯定另一些可能。你可能收起你的草帽，把你的厚厚的皮靴拿出来。这个词概括了你要寻找的种种事物。它表明了一部分自然的习性，使你对这些自然习性的延续能有所准备。它是从经验中抽象出来的一定的工具，是你所必须考虑的概念性实在，它整个地把你反映在可感觉的实在之中。实用主义者绝不会否认这种抽象的实在。这种抽象的实在是基于大量过去经验的。

但是，具体地对待绝对版本的世界，就意味着一种不同的假设。理性主义者就具体地把它同世界的有限版本**对立起来**。他们给它加上一种特殊的性质。认为这种绝对版本的世界是完善的、终极完满的。在这种世界里，认识了任何事物也随之认识了一切其他事物；与它完全不同，在这个有限版本的世界则到处都有未知的东西。在那个绝对世界里，即使有不足之处，也一定会提供满足。在我们这个世界里，一切都是过程；而那个绝对世界一切都是永恒。在我们这个世界里，到处都有可能性；而在那个绝对世界里，凡是**没有的**，就永远都是不可能的，凡是存在的，都是必然的，可能性范畴根本就不适用。在我们这个世界里，罪恶和恐怖是令人遗憾的；而在那个绝对完全的世界里，就没有什么遗憾，因为"暂时秩序中恶的存在正是永恒秩序完满的条件"。

我再说一遍，以上两种假设在实用主义看来都是合理的，因为这两者各有各的用处。抽象地说，比如像冬天这个词，作为过去经验的记录可以指引我们走向未来，因而，这样一种绝对世界的概念

## 第七讲 实用主义与人本主义

是不可缺少的。具体地说,它也同样是不可缺少的,至少对某些人来说是如此,因为它能在宗教上对他们起决定作用,常常是能够改变他们生活的东西,而改变他们的生活,也就能改变一切依赖他们生活的外在秩序。

因此,我们不能在方法论上完全跟刚毅气质的人一样否定在我们的有限经验以外的世界整个概念。然而,人们对实用主义的一个误解就是把它同等于实证主义的刚毅性格,以为实用主义把一切理性主义的概念都说成是毫无意义的胡说和装腔作势的做作;以为它喜欢彻底的理智混乱,喜欢一种绝对放纵和粗暴的没有任何控制和约束的野狼世界,不喜欢任何哲学教室里的产物。诚然,我在这些讲演中曾说过许多反对那种过分温柔的理性主义的话,甚至在这里准备面对可能产生的某种误解,但是使我感到大为吃惊的是,就在这里的听众当中,竟有这么多的误解,因为我同时也对理性主义的一些假设——只要这些假设能够有效地使你们回到经验上来——作了辩护。

例如今天早上我收到一张明信片,上面提出这样一个问题:"实用主义者是否必须是一个完全的唯物主义者和不可知论者?"还有,我的一位老朋友①,他本应当是能够更好地理解我的,可是他也给我写了一封信,指责我所推荐的实用主义堵塞了一切更开阔的形而上学观点,而使我们陷入最庸俗的自然主义。让我选几段读给你们听听。

---

① 普特南(James Jackson Putnam, 1846—1918),美国物理学家,出生于马萨诸塞州的波士顿。

我的朋友在信中写道：

在我看来，对实用主义的有价值的批评就在于它可能使心地狭窄的人更加重了他的狭窄。

你要求大家排除优柔寡断和空洞无聊的东西，这当然是令人鼓舞的。你说，一个人应当对他的话语和思想的直接结果和直接影响负责，这也是有益的，使人高兴的，但我绝不想放弃那些更深远的影响和更深远的结果带来的快乐和好处，而实用主义的**倾向**却要拒绝这种特惠。

总之，我觉得实用主义倾向的局限，或者更明白地说是危险，正和那些盲目地信奉"自然科学"的人受到的局限和危险很相似。化学和物理学是特别有实用价值的；而它们的许多信奉者往往沾沾自喜地满足于它们的度量衡提供的材料，而对一切哲学和形而上学的学者则感到无限的可悲和可鄙。当然，一切事物在理论上都可以多少通过化学和物理学的词语来表达，**除了整个宇宙的根本原则以外**。他们却说，表示这种原则并没有任何实用主义的用处；这种原则**对他们**没有意义。就我个人来说，我不相信我们就不能超出自然主义者和实用主义者的那个明显的多元论，找到一种他们感到毫无兴趣的逻辑的统一性。

对我在第一讲和第二讲之后我所提倡的实用主义，怎么会有这样一种看法呢？我一直明确地把这种实用主义作为刚毅气质和柔和气质之间的调和者来向大家提出的。对于**先于事物**的世界这个概念，不论是抽象的像"冬天"一词，还是具体地看待这个绝对的假设，只要能显示出对我们的人生有任何效果，它就一定有意义；如果这种意义能够起作用，它就有**某种**真理，这种真理不论再经过怎样的改写，实用主义都应当加以坚持。

绝对主义者的假设认为完满是永恒的、本原的、最实在的，它有完全确定的意义，而且它在宗教方面是有作用的。我们在下一讲，也就是最后的一讲，就来考察一下这种假设在宗教方面怎样起作用。

# 第八讲　实用主义与宗教

在上一讲结束时,我曾提起第一讲中所说的刚毅气质和柔和气质的对立,并且推荐实用主义作为它们的调和者。柔和气质的思想的假设认为有一个永恒完善版本的宇宙与我们的有限经验共存,刚毅气质的思想则断然反对这种假设。

但是按照实用主义原则,任何假设只要它所产生的后果对人生有用,我们就不能否定它。普遍的概念,作为应当加以考虑的事物,对于实用主义来说,可以像特殊的感觉一样是实在的。当然,如果它们没有用处,也就没有意义,没有实在性。但是,如果它们有任何一点用处,那么它们也就有那么大的意义;如果这种用处和生活中的其他用处相符合,那么这种意义就是真的。

可以说,绝对的用处是由人类的宗教史的全部历程所证明了的。所以世界受到上帝的永久的关爱。我们还记得,维韦卡南达就用过"宇宙自我"的说法——当然这不是一种科学的用法,因为我们不能从它做出任何特殊的推论。它完全是情感性的和精神性的用法。

我们最好借助于具体实例来讨论事物。让我们读几段惠特曼的《向你致意》的诗句——诗中的"您"当然是指这首诗的任何一个读者或听者。

## 第八讲 实用主义与宗教

不论您是谁,我都要向您献上我的诗;
我要在您耳边低诉;
我爱过许多男女,唯有您是我的至爱。
啊,我真是太懒太傻,没能早日与您接近;
我应当把心里话只对您讲,应当把赞歌只对您唱;

我要抛开一切,为您把颂歌高唱;
没有人理解您,只有我才对您真正心知;
没有人公平对您——连您也没有公平地对待自己。
没有人不对您说三道四,只有我不在您身上专找不是;
啊,我多么想为您的光荣和崇高歌唱;
您却没有认识您自己——您终身没有清醒地看看自己;
您所做的一切得到的只是嘲笑和鄙视。
不,该嘲笑的不是您;
透过这些嘲笑我才隐约地看到了您,
在没有一个人追求您的地方,我在追求您。
沉默、案桌、轻率无礼的表情、黑夜、习以为常的惯例,
如果这一切使别人或您自己看不见您,但却不能使我看不见您;
刮得光洁的面孔,忐忑不安的眼神,不正的脸色,
如果这些挡住了别人,却挡不住我;
妖艳的装束,不端庄的举止,酗酒、贪婪、早逝,
这一切我都全不在乎。

男女的一切禀赋,没有一样您不富有,

男女的一切德行和美丽，没有一样您不具备，
无论是勇气还是耐心，别人有的，您也同样具有，
等待别人享受的欢乐，也同样在等待着您。

不论您是谁，您都要奋不顾身地追求自己的权利，
东方和西方的表演比起您来，哪一个都要逊色；
这些一望无边的草原，这些长流不息的江河——您
像它们一样地无边无际；
自然元素、痛苦、欲望和毁灭，您也和它们的男女主人一
样，是支配着它们的主人。

镣铐从您身上脱落——您得到了永不脱落的满足。
不论是年老年幼，是男是女，粗俗低贱的人，
都会为他人所鄙弃，而您总要表现其自身的本色；
您的一生通过诞生、过活、死亡、埋葬，
一切都有安排，什么都不缺少；
您的人品，通过愤怒、失落、雄心、无知和厌烦，
也会不时地流露。

这真是一首优美动人的诗。但可以有两种方法来看它，这两种方法都是有用的。

一种是一元论的方法，就是对纯粹宇宙情感的神秘的看法。尽管您的外表受到损害，光荣和崇高绝对是您的。不管您遭遇到什么，不管您的表现如何，您的内心是安定的。您只要回顾着、**依靠**着您的真正的存在的本性！这就是著名的寂静教和无差别论的

方法。它的反对者把它比作精神上的鸦片。然而，实用主义必须尊重这种方法，因为它有大量的历史的证明。

但是，实用主义认为也应当尊重的另一种方法就是多元论的解释方法。看待这首诗的另一种方法就是多元论的解释方法。在诗中如此加以赞颂的"您"，可以意指您在现象上的更好的可能性，甚至也可能意指您的失败对您自己或他人产生的特殊的救赎的效果。它可能意指您对他人——您所赞赏和热爱的人——的可能更美好的忠诚，因而您甘愿承受您自己贫困的生活，因为它是您的光荣的伴侣。对这样一个勇敢的总体世界，您至少可以欣赏、称赞，充当一个听众。这样，您就能忘却自己的卑微，只想着自己的高尚。把您的生命同那高尚视为一体，那么，通过愤怒、失落、无知、厌烦，不论您使自己成为什么样的人，您所具有的最深刻的本性就会自然地流露。

不论用哪一种方法来看这首诗，它都是在鼓励对我们自己的忠诚。这两种方法都能使人得到满足，二者都崇奉人性的涌动，两种方法都把**您**的肖像绘在金色的背景上。但第一种方法的背景是静止的"一"，而第二种方法的背景则意味着多种可能，真正的多种可能，并且也有那种多元概念的一切不安定的性质。

对这首诗的两种解读方法都是很宝贵的；但显然是多元论的方法最符合实用主义的气质，因为它直接启示我们心灵的具体的未来经验是无穷无尽的。它能引起我们许多具体的活动。虽然这第二种方法似乎比第一种方法显得平凡、世俗一些，但没有人会指责它属于那种粗暴的刚毅气质。然而，作为实用主义者，如果坚决地主张用第二种方法来**反对**第一种方法，那就很容易遭到误解，就会被指责为否定更崇高的概念,就会被说成是属于最坏意义上的刚毅气质的。

你们还记得我在上一讲时曾经读过一位听众的来信中几段话。在这里,我想给你们再读几段。因为它对摆在我们面前的两种看法表现出某种模糊不清的认识,我觉得这种情况还是很普遍的。

和我通信的这位朋友写道:

> 我相信多元论;我相信我们寻求真理的过程就像在一个无边无际的大海里从一个漂浮的冰块跳到另一个漂浮的冰块上;通过每一次行动,我们使新的真理成为可能,而使旧的真理成为不可能;我相信,每一个人都有责任使宇宙变得更好,如果他没有这样做,那么这件事也就没有做完。
>
> 但同时我却情愿忍受自己的孩子患不治之症而受苦(事实上他们并非如此),情愿自己愚笨(但还没有愚笨到不知自己愚笨的程度),只有一个条件,就是能在想象和推理中,能够构成**一切事物的合理的统一性**,使我能够想到自己的行为、自己的思想和自己的苦恼是可以**被世界上一切其他现象所补充的**,而有了**这样的补充以后,就能形成我所赞成的并采取的一种体系**;就我来说,我不相信在自然主义和实用主义的明显的多元论之外,就找不到一个他们不感兴趣又不重视的逻辑的统一性。

对个人信仰的这样优美的表达,使听的人心里都感到温暖。

但是这种表达对于清醒他的哲学头脑能起多大的作用呢？究竟写这封信的人是一贯主张用一元论还是用多元论来解释有关世界的这首诗呢？他说，**只要有其他现象**提供的补偿，他的烦恼就得到补救。这样说来，写这封信的人显然是要向前看，对他用多元的世界改善论来解释的这些经验的具体内容加以深察。

但是，他自己却认为是向后看的。他说的是所谓事物的合理的**统一性**，而实际上他所指的却是事物的可能的经验的**统一**。他同时又假定，由于实用主义者批评理性主义的"一"，因而相信具体的"多"的拯救可能性就得不到这种安慰了。总之，他分不清把世界的完善究竟是作为必然的原则，还是仅仅作为可能达到的目标（*terminus ad quem*）。

我认为写这封信的人倒是一个真正的实用主义者，但他自己**竟然不知道**（*sans le savoir*）成了一个实用主义者。我觉得他好像就是我在第一讲里所说的那样一位哲学爱好者，希望一切好事都能发生，但却不怎么关心它们是怎样相一致或不相一致的。"一切事物的合理统一性"是一个非常令人鼓舞的公式，但他却随便地乱用，抽象地指责多元论，说它与这个公式有冲突（如果光看名称，真的有冲突），实际上他用这个公式具体所指的正是实用主义所说的统一的和不断改善的世界。我们多数人在这个根本点上仍然模糊不清，而我们应当搞清楚；但是为了使头脑清楚，我们有的人还是应当更进一步，所以，我想在这个特殊的宗教问题上更明确地作一些深入的分析。

究竟这个众多的你们中的您，这个绝对实在的世界，这个给我们带来道德上的启示并具有宗教价值的统一性,应当看作是一元的还是多元的呢?它是存在于**事物之前**还是存在于**事物之中**呢?它究竟是本原还是目的?是一种绝对还是终极者呢?是最初的还是最终的呢?它使你向前看还是向后看呢?我们肯定不应当把这二者混为一谈,因为如果把这二者分辨清楚,那就会看出它们对人生具有完全不同的意义。

282　　应当看到,上述整个两难的问题从实用主义来看完全围绕着世界的可能性这个概念的。在理智上理性主义依靠它的绝对统一性原则作为许多事实所以可能的根据。在情感上,它又把这个原则看作是一切可能的包容者和限制者,是使结局良好的保证。按照这种看法,这种绝对使所有好的事物成为确定的,使所有坏的事物成为不可能(在永恒的意义上),而且可以说把整个可能性的范畴变成一个更加可靠的范畴。我们可以在这里看到,在那些坚持世界**必定**得救或**应该**得救的人和只相信世界**可能**得救的人,这两种人之间存在着一个很大的宗教上的差别。因而,理性主义的和经验主义的宗教的全部冲突,就体现在可能性是否确实有效上。所以,我们必须首先注意"可能性"这个词,看它究竟有什么确切的含义。不假思索的人会说,"可能"是指存在的第三种状态,它没有
283　存在那么实在,但比非存在要实在一些,它是一种朦胧的境界,是一种混合状态,是进入实在和脱离实在的过渡状态。

　　这样一个概念当然显得太模糊、太空洞,不能使我们满意。在这里,也像在别的地方一样,要吸取一个名词的确切意义,唯一的方法就是采用实用主义的方法。当你说某一事物是可能的,你说这句话会造成什么样的差别,产生什么样的影响?它至少会造成

这样的差别:如果有人说它不可能,你就可以驳斥他;如果有人说它是实际存在的,你也可以反驳他;如果有人说它是必然存在的,你也可以反驳他。

但仅有这些反驳的权利,还起不了多大作用。当你说某个事物是可能的时候,从实际事实上来说,是不是造成某种进一步的差别呢?

它至少造成这样一个负面的差别:如果这个说法是真的,那么**就应该没有什么现存的东西能够妨碍这可能的事物**。所以没有妨碍它的实在的根据,就可以说这个事物是"并非不可能的,也就是在**空泛的或抽象**的意义上是可能的"。

但多数的可能并不是空的,它们是有具体的根据的,或者如我们所说的,有充分理由的。那么从实用主义来看,这又是什么意思呢?这意思就是不仅不存在妨碍的条件,而且还有实际上产生这可能事物的条件。比如一个具体可能的小鸡就意味着:(1)小鸡的观念本质上不包含自相矛盾的因素;(2)周围没有儿童、黄鼠狼或其他危害它的敌人;(3)至少有一个实在的鸡蛋存在着。一个"可能的"小鸡意指一个实际存在的鸡蛋加上一个实际存在的抱窝的母鸡或孵化器之类的东西。实际的条件愈接近完备,这小鸡就愈来愈成为有根据的可能。如果实际条件完全具备了,小鸡就不再是可能而转变成实际的事实了。

我们也可以把这个概念用到世界的拯救上来。我们说世界是可能得救的,这种说法在实用主义看来是什么意思呢?这意思就是,世界得到拯救的某些条件的确已实际地存在。这些实际存在的条件愈多,妨碍世界得救的条件愈来愈少,那么世界得救的可能性就愈有充分根据，世界得救成为事实的**或然率**就愈大。

这就是我们对于可能性的初步考察。

关于世界得救这样的问题，如果有人说我们的态度必须是平平淡淡的、中立的，这就根本违背了我们的生活的精神。在这里，任何一个自命中立的人都会把自己表现为愚蠢的和虚伪的。我们每一个人都的确希望尽量减少宇宙的不安定性；当我们认为宇宙受到各种危害，可能受到各种摧残生命的阻力时，我们都会，而且也应当感到忧愁和不快。然而也有些感到不快的人认为世界的得救是不可能的。他们的看法就是所谓悲观主义。

与之相反的另一种观点认为世界的得救是不可避免的，这就是乐观主义。

还有一种观点介于上述两者之间，可以称作改善论，虽然直到现在也很少有人把它看作一种学说，而是把它看作人类事务中的一种态度。乐观主义向来总是欧洲哲学中占优势的理论；悲观主义只是晚近才由叔本华[①]提出，但系统的维护者尚为数不多。改善论对于世界的得救，既不认为是必然的，又不认为是不可能的，而是把它看作是可能的，随着世界得救的实际条件愈来愈多，这种可能性成为事实的或然率也就越来越大。

很明显，实用主义一定倾向于改善论。世界得救的有些条件已经实际存在，实用主义不可能闭眼不看这个事实；如果其余的条件也具备了，那么世界的得救就能成为完全的实在。当然，我们这

---

① 叔本华（Arthur Schopenhauer, 1788—1860），德国哲学家。他在《作为意志和表象的世界》中论述了作为知识的源泉和推动人类存在的不是理智而是意志。

里所用的词语是十分概括的。对于"得救"一词,你可以随着地以任何方式加以解释,可以把它看成是弥漫的、分散的现象,也可以把它当作转折性的整体的现象。

举例来说,我们这个房间里的每个人都各有其珍视的理想,并且愿意为之生活,为之效力。每一个这种理想的实现都构成这个世界得救的一个环节。但这些特殊的理想都不是纯粹的抽象可能性。它们都是有根据的,都是**活生生**的可能性,因为我们就是这些理想的活生生的战斗者和实践者;只要这些补足的条件具备了,我们的理想就能成为现实的事物。那么,什么是这些补足的条件呢?它首先是许多事物的混合在时机成熟时给予我们的机会,还有就是我们能够投入的一种可乘之隙,最后是**我们是行动**。

那么,是不是有了机会,有了可乘之隙,我们的行动就能**造成**世界的得救呢?

对这个问题,不管各式各样的理性主义者和一元论者怎样反对,我要理直气壮地问,**为什么不能**通过我们的行动使整个世界得救呢?我们的行动,我们的转变之处,这些在我们自己看来是我们自我完善和成长的地方,正是世界与我们联系最紧密的部分,是我们对世界了解得最深入、最完全的部分。为什么我们就不能按照它们的票面价值来对待它们呢?为什么不可能像它们所显现的那样,也就是世界实际上转变的地方和增长的地方呢?为什么它们不就是存在的产地,在那里我们可以抓住正在形成着的事实以致世界只能以这种方式增长起来呢?

有人对我们说,这完全是毫无道理的无稽之谈!新的存在怎么能以局部的点点滴滴、零零碎碎的方式增长起来或者任意分开,而与其他存在完全没有关系呢？我们的行动一定要有理由，而作为这个最后的手段除了世界的整体性质的压力或逻辑的强制以外，还能有什么别的理由吗？不论在哪里，增长或显现的增长，真正根源只有一个，那就是整体的世界本身。如果有增长，只能是全部的增长，如果说单独的部分可以**各自增长**，那是毫无道理的。

但是，如果讲到合理性——讲到事物存在的理由，而又坚持说事物不可能独立分散地增长，那么，要是有某种东西增长起来，究竟最终根据**哪一种**理由呢？尽管你说到逻辑、必然性、范畴、绝对以致随意把哲学的机器房里的整套工具全都搬出来，但我认为，任何事物增长的唯一**实在**的理由就是**有人希望它在这里产生**。它是**合乎要求的**——也许是合乎要求地解救世界众生的极小的一部分。这是一个**鲜活的理由**，与这个理由相比，什么物质的原因和逻辑的必然都是微不足道的。

总之，唯一完全合理的世界，就是事事如愿的世界，是能够心心相印的世界，在这种世界，一切愿望都可以立即得到满足，而不必考虑或迁就周围的或中间的力量。这是绝对自身的世界。他要求有一个现象世界存在，**就有**一个如他所要求的现象世界**存在**，并不需要什么别的条件。而在我们这个世界，个人的愿望只是一个条件。其他个人有其他愿望，是必须首先加以迁就的。所以在这个"多"的世界里，存在的增长会受到各种阻力的影响，只有通过一个一个的调和折中才能逐渐组织成一个可以称之为次级合理的形式。只是在很少的生活部门我们才接近于"事事如意"的那种组织形式。比如说，我们需要水，只要打开水龙头；我们要拍一张照片，只要按一下按钮；需要知道有关情况，就打个电话；要去旅行，就买

## 第八讲　实用主义与宗教

张车票。在与这些相类似的事例中，我们只要有愿望就成——世界已经合理地组织起来去完成其余的一切。

但是这个有关合理性问题的议论，只是一个附带的穿插。我们所要讨论的观念是说世界的增长不是整体性的，而是零散地靠它的各个部分来逐渐增进的。请认真地想一想这样一个假设，把它作为一个鲜活的假设。假定造物主在创造世界之前就这样对你说，"我将创造一个世界，但不能保证它能得救，这个世界能否完美，完全是有条件的，这条件就是看每个成员能否'竭尽全力'。我给你提供机会让你参加这个世界。但你要知道，这世界的安全是没有保证的。参加这个世界是一场真正的历险，真是充满了危险。但最终可能克服危险取得胜利。这是一个真正值得去干的社会合作事业的一个方案。你愿意参加到这个队伍中来吗？你对你自己和其他参加者有足够的信心来冒这个险吗？"

如果建议你参加这个世界，难道你真的会觉得它不够安全而不得不拒绝吗？难道你真的会说，宁愿回到暂时被引诱者的声音唤醒的虚幻的梦境也不愿做这个根本上是多元的、不合理的世界中的一部分或一员吗？

当然，如果你的心态正常的话，你绝不会这样做。我们大多数人都有一种健康的活泼开朗的心态，而正适合于这样一个多元的世界。所以，我们会接受这样的建议说，"好极了！奋勇前进！(Topp! und schlag auf schlag!)"这样一个世界，正像我们实际上生活的世界；凭着对养育我们的大自然的忠诚，我们绝不会拒绝这个建议。对我们来说，建议的这个世界是最生动地适合于我们的合理的世界了。

因此,我认为,我们大多数人会欢迎这个建议,愿意对造物主的意旨尽心尽力。但也许有人不愿意;因为在人群中总有一些心理不健全的人,觉得在这个世界里用难得的机会冒险去获得安全似乎是没有什么意思的。我们大家都有气馁的时候,这时会自暴自弃,不想去干那种徒劳无益的事情。我们的生命力疲惫了,我们就陷入那种浪子的境地。我们不信任事物的机会,我们需要一个世界,在那里能够放弃这一切机会,能够投入父亲的怀抱,能够被吸引到那绝对的生命中去,像一滴水溶入江海一样。

这时最迫切需要的宁静、安宁就是摆脱无穷的有限人生经验中的种种心烦意乱的困惑。所谓涅槃,就是指断灭感觉世界一切烦恼和历险而获得的宁静。印度教徒和佛教徒追求这种宁静就是他们的基本态度,就是怕有更多的经验,怕世间的生活。

对这种心态的人,宗教的一元论提出了具有安慰作用的话。"一切都是必要的,不可缺少的——即使像你这个心灵不健全的人,也是同样必要的,不可缺少的。一切与上帝合一,而与上帝合一,一切都是合适的。不论你在有限的现象世界里遇到成功还是失败,都会受到上帝的护佑。"毫无疑问,当人们到了烦恼的极端时,绝对论就是唯一的解脱方案。多元论的道德说只能使他们心惊胆战。

这样,我们就看到具体的尖锐对立的两种类型的宗教。用我们原来进行比较的用语,我们可以说绝对论的方案适合于柔和气质的人,而多元论的方案则适合于刚毅气质的人。许多人会反对把多元论的方案说成是宗教性的。他们会把它称之为道德主义,

## 第八讲 实用主义与宗教

而把宗教性的这个词只用在一元论的方案上。这种把自动服从意义上的宗教和在自足意义上的道德主义看作互不相容的尖锐对立的东西,在人类的思想史上是屡见不鲜的。

在这里,我们就到了最后的一个哲学问题了。我在第四讲里说过,我相信一元论、多元论的选择是我们思想所能构成的最深刻的、意义最丰富的问题。它们二者的分离能不能说是终极的分离呢?能不能说二者之中,只有一方是真的呢?一元论和多元论是不是真的不相容呢?就此说来,如果世界真正是以多元的方式构成的,如果它真的是分散地存在而由许多"各种各样"的东西构成,难道它就只能靠这许多"各种各样"的行为的结果,一点点地逐渐地**在事实**上得到拯救,而它的壮丽宏大的历史就不能由某种已经预先"包含"并且永久"克服"了"多性"的本质的"一"来缩减行程吗?如果就是这样,我们就必须在两种哲学中选择一种了。我们不能对两种可能的选择都说"对",在对两种可能的关系中我必须对一个说"不"。我们应当承认这最终的无奈:在同一个不可分的行为里,我们不可能既是心理健康的又是心理不健康的。

当然,作为普通的人,我们也可能一天是心理健康的而另一天心理不健康了。作为一知半解的哲学爱好者,也许会赞成把自己叫做一元的多元论者,或自由意志的决定论者,或者任何别的调和的名称。但是,作为要求思想上清晰、一贯,并且感到有使真理与真理互相一致的实用主义需要的哲学家,我们就必须坦率地要么采用柔和性的,要么采用刚毅性的思想。就我来说,特别有**这样的**问题总是放在心里思考:柔和气质的主张是不是可能太过分了?认为世界已经**全部**得救的观念是不是可能过分夸张而站不住脚?

宗教的乐观主义是不是可能过于理想化了呢？**一切都必须得到拯救吗？**拯救的事业难道**不**需要付出代价吗？最终的决定一定是甜美的吗？宇宙中一切都是"肯定"的吗？难道在生活的中心不正是存在着"否定"的事实吗？我们说生活是"严肃的"，这不就意味着生活中有一部分不可避免地是否定和损失，在某些地方一定有真正的牺牲，根本上总是艰辛备尝的吗？

我在这里不能正式作为一个实用主义者说话。我只能说，我自己的实用主义并不反对我采取这种更有道德主义意义的观点，而放弃那种使二者完全调和的主张。实用主义愿意把多元论当作一个认真的假设来对待，这就包含着这种可能。归根到底决定这些问题的是我们的信仰，而不是我们的逻辑，而且我也不承认任何假托逻辑之名否认自己信仰的权利。我觉得我自己是愿意把宇宙看作是真正危险的，需要有冒险精神的。因而，我决不退缩，绝不放弃。我愿意把那种浪子的态度看作是对整个人生不正确的，也不是最终的态度，虽然在生活的许多变迁过程中很容易出现这种态度。我真心地认为宇宙中有许多真正的损失和真正的受损者，而不是一切存在着的东西全都保存下来。我能相信理想是终极目的，而不是作为开端，是精华而不是一股脑儿的全部。好比在倒杯子时，总是会有些残渣留在里面，但只要倒出的东西是够甜的因而是可以接受的就行了。

事实上，有无数人的想象就是寄托在这种道德主义和壮丽的史诗般的宇宙上，而觉得宇宙的这种有分有合的成就足以满足他们的合理的需要了。在希腊诗集中就有一首译得很好的短诗，能够充分地表达这种心理状态，愿意接受无所补偿的损失，即使受损者就是他自己。这首诗写道：

> 一个在暴风雨中遭遇海难的水手，深陷在海岸的泥沙里，
> 他还勉励大家，要扬帆远行。
> 他告诉大家，在我们遭难时，仍有许多勇敢的呐喊声，
> 冲破了惊涛骇浪①。

那些清教徒式的道德主义者，对于"你是否甘愿为上帝的光荣而下地狱受罪？"这个问题的回答说"是"的人，就有这种客观的、高尚的胸怀。按照这种思想，避免恶的方法**不是**"扬弃"它或者总体上保留它而作为一个本质因素"克服"它，而是要完全抛弃它、排斥它，并且超越它，**从而造成一个没有恶的容身之地、就连恶的名称也没有的世界**。

所以，我们完全可能接受一个严峻的世界，里面并不排除"严肃"的因素。我觉得，谁如果真的这样做，他就是一个实用主义者。他愿意按照他所信赖的、只有不确定的可能性的方案去生活；他愿意，为了实现他所形成的理想，在必要时付出自己的生命。

那么，在这样的世界里，实际上还**有**什么他可以相信与他合作的别的力量呢？他可以相信的力量至少有他的同胞，在我们的现实世界已经达到的阶段上的同胞。但是不是还有一些超越人类的力量，如我们所谈到的多元主义类型的宗教人士惯于相信的那种力量呢？当他们说"除了上帝，没有别的神灵了"，这话听起来好像

---

① 这首短诗被认为是公元前3世纪末的叙拉古的西奥多德所作。

是一元论的说法,但人类从原始的多神论提高到一神论,本来就提高得不完全、不明确,一神论本身如果只是作为一个宗教性的而不是作为形而上学者的教学方案,它总把上帝只是看作一个救助者——在所有世界命运的创造者中的第一位救助者而已(*primus inter pares*)。

我前面的多次讲演往往总是限于人的和人本主义方面的讨论,我怕因此而给你们许多人留下一种印象,以为实用主义在方法论上故意避而不谈超人的神灵的因素。的确我对绝对没有表现出多大的敬意,而且直到现在我除了绝对以外,没有谈到别的什么超人的假设。但是我相信,你们会很清楚地看到,绝对和有神论的上帝也只在超人方面是相同的,别无其他共同之处。根据实用主义的原则,如果上帝的假设在最广泛的意义上是令人满意地起作用,那么这个假设就是真的。不管这个假设可能还有什么别的未决的难题,但经验表明,它肯定是有用的,问题只在于建立、确定它与其他实用的真理的令人满意的结合。当然,在这最后一次讲演快要结束的时候,我不可能从头再谈整个神学问题;但我想告诉你们,我写过一本关于人类宗教经验的书,这本书总的来说是肯定上帝的实在性的。当你们知道这个情况时,你们也许就不会责备我的实用主义是一种无神论的体系了。我本人绝不相信,我们人类的经验就是宇宙中存在的最高形式的经验。我倒是相信,我们和整个宇宙的关系就像我们的狗儿、猫儿之类的宠物与整个人类生活的关系一样。它们住在我们的客厅里、书房里,它们参加到我们的各种活动场面中来,但对这些活动场面的意义一无所知。它们只是种种历史曲线上的切线,而历史曲线的起点、终点和形状则完全

## 第八讲 实用主义与宗教

在它们的认识范围之外。同样，我们也是事物更广阔生命的切线。但是，正如狗儿、猫儿的许多理想与我们的理想相巧合，而且狗儿、猫儿的日常生活也提供了事实的证明，同样，根据我们的宗教经验提供的证明，我们也可以相信，更高的力量是存在的，而且这些力量正按照与我们的理想相类似的方向在努力拯救世界。

所以，只要你承认宗教可以是多元主义的，或者只是属于改善主义类型的，那么，你就会知道，实用主义是可以称之为宗教性的了。但你最终是否接受这种宗教，那是只能由你自己决定的问题。实用主义不能做出武断的结论，因为归根到底是哪一种宗教最为有用，还不能确定。事实上，人们的各种超越的信仰、各种信仰尝试也是需要用来提供证据的。也许你们会各自做出自己的信仰尝试。如果你是彻底刚毅气质的，那么自然界的各种熙熙攘攘的可感觉的事实对你来说就足够多的了。如果你是彻底柔和气质的，你就会采取更具一元论形式的宗教：对于多元论形式的宗教，由于它依赖并非必然的可能性，你会觉得它不会给你提供足够安全的保证。

但是，如果你既不是彻底的、极端的刚毅气质的，又不是彻底的、极端的柔和气质的，而是像大多数人那样两者兼而有之，那么我所提供的那种多元的、道德主义的宗教，也许你会感到这就是你可能发现的最好的一种综合性的宗教。在粗俗的自然主义和超验的绝对主义这两个极端之间，你会发现，我所冒昧称之为实用主义的或改善主义类型的有神论，也许正是你所需要的。

## 索引[*]

（所标页码为原书页码，即本书边码）

Absolute, the 绝对, 19, 70, 145, 150f., 270, 289, 299; its barrenness 空洞 （它的）, 71f. ; its value 它的价值, 73f. , 282; its inacceptability 它的不可接受性, 78; vs. the "Ultimate" "绝对"对"终极", 159

Absolute edition of the world 世界的绝对版本, 265f.

Absolute truth 绝对真理, 224。参见"Truth（真理）"

Absolute ideas 绝对观念, 35, 128, 150, 172, 210, 265

Abstractness as a vice in philosophizing 抽象在哲学思维中被看成一种恶, 19, 30, 34, 51, 67f. , 231, 263

Accountability 责任, 116

Additions, human, to the given 对给定东西的人为附加, 252ff. , 287f.

Agreement with reality 与实在相符合, 212

Ancestral discoveries 祖先的发现, 170, 182

A priori truth 先验的真理, 209

Balfour 巴尔弗, 104f.

Belief 信念。参见"True（真理）"

Bergson 柏格森, 250

Berkeley 贝克莱, 89

Bosanquet 鲍桑葵, 17

Bowne 鲍恩, 18

Caird 凯尔德, 17

Caprice, excluded by pragmatism 反复无常，实用主义所排除的, 211, 233, 258

Categories 范畴, 171ff. , 182, 193, 249

Cause 原因, 138, 157, 180

Chesterton 切斯特顿, 3

Claim truth as a 真理作为一种要

---

[*] 此索引由《威廉·詹姆士哲学文集》主编王成兵教授根据英文原书的索引补充编制。

求,227f.
Clash of beliefs 信念的抵触,76f.
Classroom philosophy 课堂里的哲学,21
Clerk-Maxwell 麦克斯韦,197,217
Cognition 认识。参见"Knowledge(知识)"
Common sense 常识,Lecture Ⅴ 第五讲;defined 常识的界定,171;its "categories" 它的"范畴",173;a definite stage in evolution 演化中的一个确定阶段;result of successive discoveries 陆续发现的结果,170,182
Concepts, their use 概念,它们的使用,128,172
Continuity 连续性,133ff.
Copy-theory of truth 摹写、模仿,199,213,235

Corridor-theory 走廊理论,54
Creative functions of human mind 人类心灵的创造功能。参见"Addition, human(人为附加)"
Critical level of thought 思想的批判的等级,185,189f.
Critical philosophy 批判的哲学,186
Criticisms of pragmatism 实用主义的批判,233,258,268

Damned, Leibnitz on the 被惩罚的人,莱布尼茨论被惩罚的人,24
Design in nature 自然界中的设计,109,115
Desire creative of reality 实在的理想创造,287
Dewey 杜威,57,64,75,197ff.,233
Dilemma of philosophy, Lecture Ⅰ, especially 哲学上的两难选择,特别是第一讲 15－20
Discourse, Universe of 论述,宇宙的论述,133,its relation to truth 它与真理的关系,212f.
Dog, mind of 狗的心情,175
Duhem 杜恒,57

Empiricism 经验主义,9f.,15ff.,51,131,146。参见"Pragmatism(实用主义)"
Energy 能量,191,216
Escape, philosophies as places of 避难,哲学作为避难的场所,34
Eucharist 圣餐,88
Eucken 欧肯,256
Experience 经验,147,172

Facts 事实,263;empiricism holds by them 经验主义依据它们,12; Pragmatism loves them 实用主义喜欢它们,68,165;idealism neglects them 唯心主义否定它们,70;their relation to truth 它们与真理的关系,225
Fallacy, the sentimentalist's 谬误,情感主义的,229
Feeling 感受,36。参见"Sensations

（感觉）"
Fitness 适合，113
Franklin 富兰克林，49n.
Free-will, problem of 自由意志，自由意志问题，115f., a melioristic doctrine 一种改善主义的学说，119
Fullerton 富莱腾，117
Future 未来，hypothesis of world without 没有未来的世界的假设，96f.; of world with 有未来的世界，100，142

God 上帝，19，56，70，72，80，97f.，104—115，142，299; vs. matter as a principle 上帝对物质，作为一种原则，101f.; scholastic definition of 经院哲学对上帝的界定，121; supposed choice offered us by 上帝向我们提供的假定的选择，290
Good, its relation to truth 善，与真理的关系，75
Green 格林，17，246

Haeckel 海克尔，15
Hegel 黑格尔，185
History of pragmatism 实用主义的历史，46f.
Hodgson 霍奇逊，50
Humanism 人本主义，Lecture Ⅶ 第七讲; 散见各处，特别参见 242; Humanism and Truth 人本主义与真理，散见各处，65，242ff.，254ff.

Hume 休谟，92
Huxley 赫胥黎，120

Ideals, as creative 理想，作为创造性的，286f.
Idealism 唯心主义，17，73，139，250; 贝克莱的唯心主义，89。参见"Absolute（绝对）"
Identity, personal 个体统一性，90f.
Imputability 受罚，117
Influence 影响，134f.
Instrumental view of truth 真理的工具观，53，58，179，184，194，202
Intellectualism 理智论，10，200
Intellectualist attacks on pragmatism 理智论对实用主义的抨击，67; view of truth 真理观，200，218，226
Interaction of things 事物的相互作用，134f.

Joachim 乔其姆，236n.

Kant 康德，172
Kinds 类，139，157，179，180，208
Knower, the absolute 知者，绝对的，147，150，165
Knowledge 知识，The function of Cognition 认识的功能，散见各处，167

Ladd 莱德，18
Law, 'the' 规律，240; law as a sci-

entific concept 作为科学概念的规律,57,93,180
Laws of thought and of nature 思想与自然的规律,56
Laymen in philosophy 哲学上的外行,14
Leibnitz 莱布尼茨,23f.
Lessing 莱辛,220
Levels of thought compared 比较的思想层次,188-192
Locke 洛克,90ff.
Logic 逻辑,55,139f.,255,296
Lotze 洛采,256

Mach 马赫,57
McTaggart 蒙塔格,118
Many, the One and the 多,一与多,Lecture Ⅳ 第四讲;Manyness coordinate with oneness 一与多同等地位,138
Materialism defined 唯物主义界定,93
Matter 物质,80;Berkeley on 贝克莱论物质,89;Spencer on its supposed crassness 斯宾塞论物质假定的粗糙性,94;vs. God 物质对上帝,as a principle 作为一种原则,98-108
Meaning 意义,97,270,273
Mechanism 机械论,111
Meliorism 改善论,119,127,285f.
Merit 论功行赏,118
Method, the pragmatic 方法,实用主义的,45,51
Milhaud 米豪,57
Monism 一元论,276,must be absolute 必须是绝对的,159f.;religious 宗教上的,292f.;contrasted with pluralism 与多元论的比较,259。参见"Unity(统一性)"
Monistic sentiment 一元论的情感,149f.,159
Mont-Peleé eruption 蒙特配雷火山爆发,113
Moral holidays 道德上的休假日,74
Myers 迈尔士,256
Mysticism affirms unity 神秘主义承认统一性,151f.

Names 名称,52,213 参见"words(词语)"
Naturalism 自然主义,16
New opinions 新意见,59f.,63,169,224,247
Nominalism 唯名论,87

Old truths, their part in forming new truth 旧的真理,它们参与了新真理的形成,60f.,169,245;更旧的真理构成旧的真理 formed out of still older truth,65f.,169,246f.
One, the, and the Many, Lecture Ⅳ 一与多,第四讲
Oneness — 参见"Unity(统一性)"
Optimism 乐观主义,23,29f.,285

Ostwald 奥斯特瓦尔德,48,57

Pantheism 泛神论,70
Papini 巴比尼,54,79,159,257
Past 过去,96,214
Pearson 毕尔生,57
Peirce 皮尔斯,5,46
Perception 知觉 参见"Sensation(感觉)"和"Knowledge(知识)"
Personal identity 个体同一性,90f.
Pessimism 悲观主义,285
Philosophies 各种哲学,38;their contrast with reality 它们与实在的比较,21,34;their shortcomings 它们的缺点,37
Philosophy 哲学,characterized 它的特点,3f.,21f.,38;and temper of mind 与心灵的脾气,21ff.,35ff.,51f.,68,259;seeks variety as well as unity 寻求多样性与统一性,129;gives a world in two editions 给出两个版本的世界,61,265f.
Pluralism 多元论,160;noetic 理性的,135,166,277;contrasted with monism 与一元论对立的多元论,259,293
Poincaré 彭加勒,57
Possibility 可能性,180,266,277,282ff.
Pragmatism 实用主义,what it means 实用主义的意义,Lecture Ⅱ 第二讲;

as a method 作为一种方法,45f.,51,54;as a theory of truth 作为一种真理理论,55 ff.;as a mediator 作为一个调和者,33,79,273,300f.;its history 它的历史,47;characterized 它的性质,51;its empiricism 它的经验主义,51,68,226f.,257f.,267,281;its affinity with science 它与科学的类同,68;its flexibility 它的灵活性,51,53,79f.,159,257;looks forward facts and the future 朝向事实与未来,122;favors pluralism 偏爱多元论,156,161,296;its critics 它的批评者,233;its relation with religion 它与宗教的关系,72f.,Lecture Ⅷ 第八讲;accused of tough-mindedness 对刚毅的气质的遣责,279;its melioristic 它的改善主义,288
Principles 原则,rationalism leans on them 理性主义倚靠它们,12,52
Promise,God, a term of 预示,上帝的一个术语,102,108;design, ditto 设计,同上,115;free will, ditto 自由意志,同上,120
Punishment 责罚,91,116

Rationalism 理性主义,9f.;its refined universe 它的精致的宇宙,21,27;its contrast with empiricism 它与经验主义的对立,20,32;its temperament 它的气质,22,67f.;character-

ized 它的特点,51f.; its view of pragmatism 它的实用主义的观点,66f.,233,259 f.; its view of truth 它的真理观。参见"Truth(真理)"
Rationality 合理性,288,291
Reality 实在,256,262; defined 界定,212,244; concrete 具体的,30; its three parts 它的三个部分,244f.; hard to find raw,249 难以找到"生的"材料; theories of 它的理论,250; accepts human additions 接受人为的附加,251; which of its determinations are the truer? 哪个决定更真实?,252; ready made? 现成的? Or still making? 或不是现成的?,257; exists in distributive form 以分散的形式存在,264; its relation to desire 它与欲望的关系,289
Refinement of rationalism's universe 理性主义的宇宙的高纯雅净,22
Reflection, total 反射,全,127
Relations 关系,135ff., 144,158, 166,171,209,244
Religion 宗教,31,108,120; is of two types 宗教有两种类型,17,300
Religion and pragmatism, Lecture Ⅷ 宗教与实用主义,第八讲
Rickert 李凯尔特,228,236
Royce 罗伊斯,17,29,142,146

Salvation of world 世界的得救,284

Santayana 桑塔亚那,175
Schiller 席勒,57,65f.,75,159, 197ff.,233,240f.,249
Scholasticism 经院哲学,88,221f.
Science 科学,16,56ff.,105,85ff.
Selective activity of mind 有选择的心灵活动,246f.
Sensationalism 感觉主义,10
Sensations 感觉,244ff.
Sentimentalist fallacy 情感主义的谬误,229
Significance 意义 参见"Meaning(意义)"
Sigwart 西格瓦特,57
Single-word solutions of world-enigma 世界之谜的单个大字眼的解答,239
Space 空间,133,174,177
Spencer, characterized 斯宾塞,他的特点,39; on "matter" 斯宾塞论"物质",94; his "unknowable" 他的"不可知",102
Substance 实体,85; material 物质的,89; Spiritual 精神的,86,90, 94,147; the category of 实体的范畴,184f. 参见"Thing(事物)"
Summarizing reactions of our mind 心灵的概括性反应,35
Swift, M. I. 斯威夫特,28
Systematic union of things 事物的系统性的联合,136

Taylor 泰勒,227,244

Temperament, in philosophy 气质, 在哲学中, 7, 22, 51, 259

Tender-mindedness 柔性, 12f., 263; in religion 在宗教中, 295f.

Theism 有神论, 17, 70, 96ff., 103

Theories, as instrument 理论, 作为工具, 53, 97, 194, 249f., 376

'Thing' "事物", 157, 175f.; a common-sense category 一个常识的范畴, 178, 183f., 206; its ambiguity 它的模糊性, 183, 253

Time 时间, 133, 174, 177, 183

Tough-mindedness 刚毅, 12f., 263

Transcendental idealism 先验唯心主义, 17f., 73, 139, 250

True 真, a species of good 善的一种, 76, means expedient thinking 意味着方便的思维, 222

Truth 真理, Lecture Ⅵ, passim 第六讲, 散见各处, Humanism and Truth, passim 人本主义与真理, 散见各处, 58, 76, 192, 198, 201, 204, 222, 225, 309, 312, 314, 374f., 378, 384f., 391ff., 399, 403ff., 416f.; Schiller and Dewey on 席勒和杜威论真理, 58; growth of 真理的生长, 60f., 201; intellectualist view of 真理的理智主义观, 200, 218, 226; as the Truth 作为唯一真理, 239; Pragmatically it means verifiability 按照实用主义的看法, 真理意味着可证实性, 201; its utility 它的有用, 203; its function of 'leading' 它的"导向"功用, 205f.; is what works 真理就是起作用的东西, 64, 80, 213f., 250; is made 真理是造成的, 224; rationalist definitions of 真理的理性主义的界定, 217, 227; their weakness 真理的弱点, 78f., 230f.; must be concretely discussed 真理必须得到具体的讨论, 231。参见 "Good(善)"

Truth may clash 真理可能产生抵触, 78; eternal(永恒), 209。参见 "Old truths(旧的真理)"

Ultimate, the 最终, vs. the Absolute 最终对绝对, 159, 165

Unification vs. unity 统一对统一性, 280

Unity of things 事物的统一性, Lecture Ⅳ, passim 第四讲, 散见各处; 不是哲学的唯一探究 not philosophy's sole quest, 129f.; pragmatic study of 进行实用主义的研究, 132, 148, 155; of system 系统的, 136; of origin 起源的, 138; generic 种属的, 139; of purpose 目的的, 140; esthetic 审美的, 143; noetic 理性的, 145; affirmed by Hindu philosophy 印度哲学所肯定的, 151; various grades of 不同等级的, 156; absolute 绝对的, 140, 142, 160

Universe 宇宙, Lecture Ⅳ, passim

第四讲,散见各处,3f.,7,36,
148ff.,156,166,188,255,259,
288ff.;of discourse 论述上的,
133
Unknowable, the 不可知,102
Usefulness, of truth 有用性,真理
的,202;of abstract concepts 抽象
概念的,128,150,172,210,265;of
Absolute 绝对的,75f.

Vedanta 吠檀多,151
Verification defined 证实的界定,
201;vs. verifiability 证实对可证
实性,207;
means leading 意味着导向,215
Vestigial peculiarities 残留的特征,
169
Vision designed 设计的视野,109
Vivekananda 维韦卡南达,151f.

Whitman 惠特曼,35,274
Words, in philosophy 词语,在哲学
上的,52,184f.
World 世界,158,259,264。参见
"Universe(宇宙)"
Worth, of God 上帝的价值,97

图书在版编目（CIP）数据

实用主义：某些旧思想方法的新名称 /（美）威廉·詹姆士著；李步楼译 .-- 北京：商务印书馆，2025.（威廉·詹姆士哲学文集）.--ISBN 978-7-100-24454-1

I. B087

中国国家版本馆CIP数据核字第20240EM121号

**权利保留，侵权必究。**

威廉·詹姆士哲学文集
第 1 卷
实 用 主 义
——某些旧思想方法的新名称
〔美〕威廉·詹姆士 著
李步楼 译

商 务 印 书 馆 出 版
（北京王府井大街36号 邮政编码100710）
商 务 印 书 馆 发 行
北京市艺辉印刷有限公司印刷
ISBN 978 - 7 - 100 - 24454 - 1

| 2025年3月第1版 | 开本 850×1168 1/32 |
| 2025年3月北京第1次印刷 | 印张 6¼ 插页 1 |

定价：49.00元

# 威廉·詹姆士哲学文集

第1卷　实用主义——某些旧思想方法的新名称
第2卷　心理学原理
第3卷　宗教经验种种——人性的研究
第4卷　真理的意义——《实用主义》续篇
第5卷　信仰的意志及其他通俗哲学论文集
第6卷　若干哲学难题
第7卷　彻底的经验主义论文集
第8卷　一个多元的宇宙
第9卷　威廉·詹姆士哲学论文集
第10卷　威廉·詹姆士哲学书信集